Criminales nazis del exterminio

ROBIN BOOK

Ernesto Frers

Criminales nazis del exterminio

HISTORIA
BÉLICA

Diseño de cubierta: Regina Richling

Diseño interior: Ātona, S. L.

Fotografía de cubierta: iStockphoto

ISBN: 978-84-9917-312-2

Depósito legal: B-4.372-2013

Impreso por Gràfiques Cromo Quatre,
c/ Batista i Roca, 9A, (Pol. Ind. Pla d'en Boet II)
08302 Mataró

Impreso en España - *Printed in Spain*

La Escuela se equivocó con su silencio, la Iglesia
con su olvido, el hogar con la negación de los padres.
La nueva generación debe saber lo que
la generación anterior no supo decirle.

SIMON WIESENTHAL

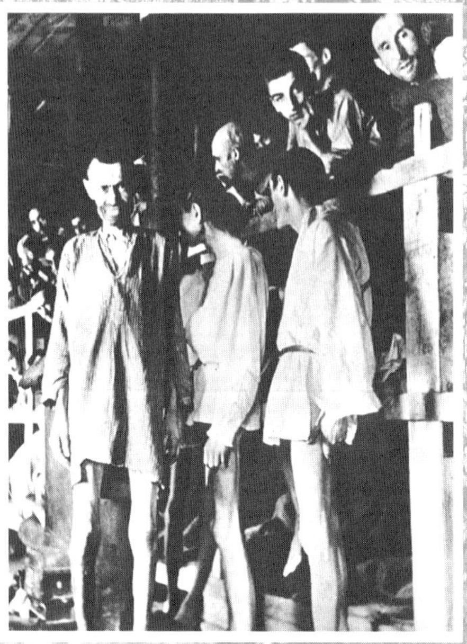

Prólogo

Este libro trata del acontecimiento que se conoce como el Holocausto, que los judíos denominan *Shoah* («matanza»),[1] porque eso es lo que fue: la masacre organizada de millones de individuos. La aniquilación indiscriminada de ese pueblo por el sólo hecho de haber nacido en su seno. No cabe adjudicarle las connotaciones de ofrenda a los dioses que sugiere la palabra holocausto, porque en Auschwitz, en Treblinka, en Mauthausen, los dioses estaban ciegos... o simplemente miraban hacia otro lado.

Este libro habla de los individuos que intervinieron en ese acontecimiento. Como verdugos, como instigadores o, por el contrario, como justicieros. Intenta describir cómo eran, qué pensaban, qué sentían sujetos cómo Himmler, Eichmann o Heydrich, que planearon y organizaron la «Solución final»; o los sentimientos que embargaban a los hombres y mujeres que se encargaron directamente del trabajo sucio, torturando y ejecutando sin piedad a millones de víctimas, como Mengele, Höss, Stangl o la Braunsteiner. ¿Tenían una vida familiar normal? ¿Disfrutaban de aficiones como la música o la pintura? ¿Eran esposos y padres afectuosos? ¿Creían realmente que los judíos eran una raza inferior? ¿No les importaba matar a mujeres y niños? ¿Cómo pudieron hacer lo que hicieron con fría y brutal eficacia, sin dudar ni en escabullirse? Sin rebelarse, ni uno solo de ellos.

Es imposible suponer, o imaginar, los sufrimientos de las víctimas. Esas familias que fueron arrancadas de sus casas a golpes, hacinadas como ganado en trenes con rumbo desconocido, encerradas en barracas malolientes, a merced del hambre, la sed y las enfermedades. Víctimas humilladas y maltratadas hasta despojarlas de su identidad, hasta convertirlas sólo

1. En este libro se utilizan indistintamente ambos términos, por ser «Holocausto» más frecuente en el ámbito hispanoamericano, mientras que «*Shoah*» suele emplearse por los estudiosos del tema que escriben en español.

Judíos polacos del gueto de Varsovia capturados por los alemanes y conducidos a los campos.

en un número, una piltrafa sin nombre, un animal inservible listo para ser llevado al matadero. Ellos, los que fueron inmolados, se llevaron a las cámaras de exterminio la inmensidad de su horror. Sólo podemos describir los hechos, comprobados en los mismos campos por los famélicos internos que liberaron los aliados y los hallazgos de fosas atiborradas de cadáveres. Hechos fotografiados, filmados o confesados por los propios verdugos, relatados por los sobrevivientes o documentados por los archivos secretos nazis y los rastros en los *lager*[2] vacíos. Hechos de gran importancia testimonial, pero que no dan cuenta del miedo, la angustia y el sufrimiento de los millones de víctimas en los campos del III Reich.

La mayor parte de los criminales nazis, decenas de miles de ellos, consiguieron escapar del castigo. Sólo un puñado de 24 jerarcas muy conoci-

2. El término alemán *lager*, que significa «campo» o «campamento», se usaba para referirse a los campos de concentración y exterminio, no con intención de abreviar, sino para ocultar los verdaderos fines de esos recintos.

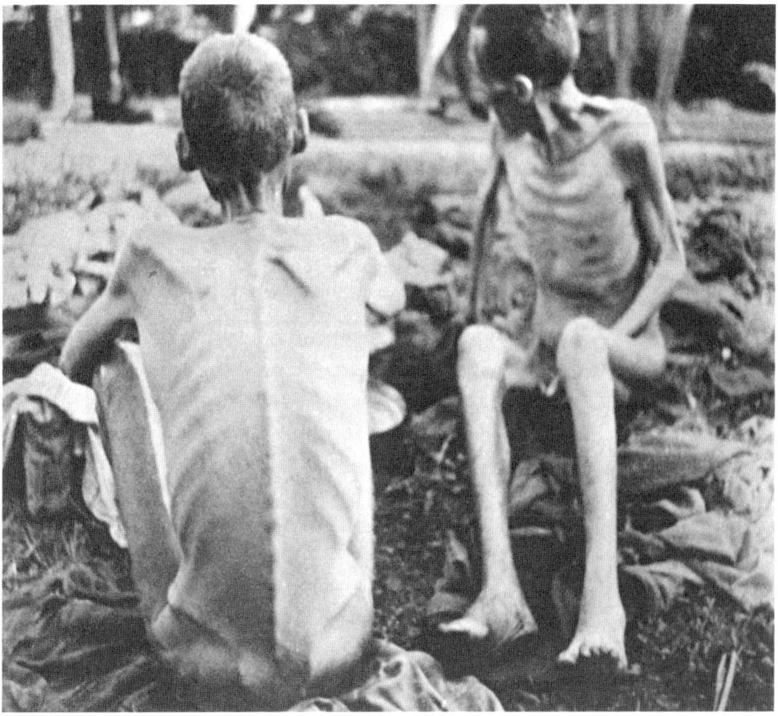

Las escasas raciones de comida convirtieron a muchos de los internos en los campos en esqueletos vivientes.

dos fueron juzgados y sentenciados por el famoso Tribunal de Núremberg, y algunas centenas más, por tribunales colaterales y juicios posteriores. Sólo unos pocos tuvieron el gesto de suicidarse. Todos los demás lograron salvarse, huir y rehacer sus vidas en el extranjero, o simplemente continuarlas en la sociedad alemana de posguerra (y algunos ejerciendo en unos pocos años altos cargos en la política y los negocios).

El enfrentamiento de la guerra fría fue un factor decisivo para que los criminales nazis pudieran salvar el pellejo. Los antiguos aliados prefirieron olvidar sus crímenes en masa y dedicar todos sus esfuerzos a superar a su nuevo enemigo. Tanto Estados Unidos como la Unión Soviética se disputaron a los mejores científicos, investigadores y especialistas del III Reich, para utilizar su experiencia y sus conocimientos al servicio de sus respectivos intereses. La CIA instrumentó la operación secreta denominada Paperclip, en la que les proporcionaba documentación americana y vías privilegiadas de escape, mientras ignoraba las operaciones de la red nazi Odessa, o incluso colaboraba con ésta. Frente a esa interesada despreocupación de los gobiernos occidentales (con alguna excepción, como la propia Alemania), surgieron particulares y entidades civiles que se dedicaron a buscar, identificar y perseguir a los criminales nazis refugiados por todos los rincones del mundo. ¿Qué movió a esos hombres y mujeres que consagraron su vida a una misión tan arriesgada y dolorosa? Sin duda tenían muy buenos motivos para odiar a los fugitivos del III Reich, pero en la mayoría de los casos la venganza personal fue sublimada por un impulso de hacer justicia, de no dejar impune el más horrible crimen masivo cometido por la humanidad.

El Holocausto significó el acontecimiento más trágico e inhumano de la historia de la civilización. Un genocidio montado por el gobierno de un

Los deportados supervivientes del campo de Dachau manifiestan su alegría a la entrada del ejército estadounidense.

país desarrollado y culto, por medio de un terrible aparato criminal que eliminó a once millones de personas, entre ellas seis millones de judíos, contando con la complicidad o la indiferencia de las otras naciones europeas. Eso es lo que intenta describir este libro, a través de algunos protagonistas monstruosos o heroicos, para que esa matanza no se olvide ni pueda volver a repetirse.

Por eso no lo hemos escrito desde una imposible objetividad, sino desde la memoria del espanto.

ERNESTO FRERS

Primera parte

Los ideólogos

1

Reinhard Heydrich
El perro de presa del Führer

Heydrich es un hombre muy dotado, pero
también muy peligroso. El Movimiento debe
aprovechar sus dones, que son notablemente útiles.

ADOLF HITLER

En la mañana del 27 de mayo de 1942 el *Obergruppenführer*[1] de las SS, Reinhard Heydrich, protector delegado del III Reich para Bohemia y Moravia, se dirigía desde su residencia hacia su despacho oficial en Praga. Lo hacía cada día a la misma hora, en un coche descapotable Mercedes Benz 320 de llamativo color verde, sin motoristas de escolta ni cualquier otra medida de seguridad, a pesar de que se sabía odiado por los checos. El vehículo partía puntualmente de la lujosa mansión en las afueras que había confiscado a una familia judía, y recorría el itinerario que llevaba al castillo de Hradcany, centro administrativo de la ocupación alemana en Checoslovaquia.

Aquel día, al llegar a una cerrada curva que obligaba a ralentizar la marcha, un ciclista apareció frente al Mercedes empuñando una metralleta. En lugar de ordenar al conductor que acelerara, como se aconseja en estos casos, Heydrich le indicó que detuviera el vehículo y saltó fuera desenfundando su pistola Luger. El agresor le apuntó y oprimió el disparador, pero se le encasquilló el arma. Heydrich iba a dispararle a su vez, cuando un segundo atacante aprovechó ese momento para lanzar una bomba de mano que impactó en el coche. El jerarca nazi se desplomó sobre el pavimento, gravemente herido.

1. *Obergruppenführer* (jefe superior de agrupaciones) era el segundo rango en la escala de mandos de las SS, sólo por debajo del *Reichsführer* Heinrich Himmler.

Mientras las SS perseguían y atrapaban a los agresores, Himmler envió con urgencia a su médico personal, uno de los mejores de Alemania, para intentar salvar la vida de su segundo al mando de la RSHA, cúspide del aparato criminal del nazismo. Los órganos internos de Heydrich estaban acribillados por esquirlas de la bomba de mano, así como por cristales y trozos metálicos del coche. Al principio su estado mostró cierta recuperación, pero unos días después cayó bruscamente en coma, al parecer a causa de una septicemia. Pese a los esfuerzos de los médicos, Reinhard Heydrich falleció el 10 de junio; fue el único jerarca nazi que perdió la vida a causa

Adolf Hitler.

Estado en el que quedó el Mercedes Benz
de Heydrich tras el atentado.

de un atentado. En su ostentoso funeral en Berlín, Hitler dijo del finado que «tenía un corazón de hierro», lo que al parecer era un elogio entre su pandilla de asesinos.

Un chico tímido que tocaba el violín

A principios del siglo pasado el maestro Bruno Heydrich dirigía su propio conservatorio de música en la ciudad sajona de Halle, y gozaba de cierto prestigio como compositor y cantante wagneriano. Su esposa Elisabeth era una excelente pianista, ferviente católica y buena amiga de Cósima, la hija de Franz Liszt que era la segunda mujer de Richard Wagner. El 7 de marzo de 1904 la señora Heydrich dio a luz a un varón, que fue bautizado como Reinhard Tristan Eugen, cuyo segundo nombre tenía evidentes resonancias wagnerianas. El niño creció en ese ambiente refinado, aunque rígido y autoritario, orgulloso de la superioridad de la raza aria y cercano a lo más granado del ámbito musical de la época. Él mismo llegó a ser un buen ejecutante de violín, instrumento que lo seguiría acompañando cuando su vida tomó otros derroteros.

La personalidad del pequeño Reinhard no dejaba entrever ni por asomo a la bestia ensoberbecida en que llegaría a convertirse. Su carácter tímido y reservado, su voz aflautada, y el hecho de ser católico en una sociedad mayoritariamente protestante, lo convertían en un blanco fácil de la mofa de sus condiscípulos, a los que no atinaba a responder. El persistente rumor de que los Heydrich tenían una oculta ascendencia judía, fue también motivo del aislamiento que lo convirtió en un chico solitario, reconcomido por un turbio rencor. Resulta curioso que también el que sería su principal sicario, Adolf Eichmann, recibiera burlas parecidas en la infancia por ese mismo supuesto estigma.

La Operación Anthropoid

Reinhard Heydrich era un represor desalmado y, sin duda, eficaz. Al poco tiempo de su nombramiento como «protector» de Bohemia y Moravia, había liquidado casi todos los focos de la Resistencia, asesinado a cientos de comunistas y otros opositores políticos, y enviado a miles de judíos a los campos de exterminio. Por tal razón los resistentes checos exiliados en Londres decidieron montar una operación de comandos bajo el nombre en clave de Anthropoid, cuyo único y difícil objetivo era el asesinato de Heydrich.

Los conjurados estudiaron las metódicas costumbres del *Obergruppenführer*, su invariable rutina cotidiana y su presuntuoso desdén por las medidas de seguridad. El mando de la operación fue confiado al capitán Adolf Opálka, del ejército checo en el exilio, y los sargentos Josef Gabcik y Jan Kubis fueron designados como ejecutores directos del atentado. Después de unas prácticas de entrenamiento con la RAF, el 28 de diciembre de1941 los miembros del comando se lanzaron en paracaídas en las cercanías de Praga. Los acompañaban dos grupos de apoyo que tomaron contacto con lo que quedaba de la Resistencia local, para brindar ayuda logística a los ejecutores del operativo. Como sabemos, éste se cumplió con éxito, pero la represión posterior fue desmesurada y terrible. Los atacantes fueron torturados y ejecutados, así como los sospechosos de haberlos ayudado y miembros clandestinos de la Resistencia, hasta un total de un millar de muertos, más 3.000 judíos que sin tener nada que ver fueron deportados como represalia del campo de Theresienstadt a los *lager* de exterminio. Las dos poblaciones acusadas de haber alojado a los comandos fueron literalmente eliminadas del mapa junto con sus habitantes, y las cabezas de Gabcik y Kubis se exhibieron en un museo de Praga hasta el final de la guerra.

Es muy probable que, para despejar esas sospechas sobre su «pureza racial», Heydrich fuera un fanático antisemita, alentado además por su ambiente familiar y su entorno social. Ya a los 16 años se adhirió a las violentas bandas de ultraderecha que se dedicaban a apalear a comunistas y judíos. A un nivel menos gamberro, participaba en las reuniones de la asociación *Volk* (Pueblo), dedicada a ensalzar la supremacía de la raza germánica. Poco después el joven Heydrich, con una estatura de 1,85 m, cabello rubio y ojos azules en un rostro de facciones firmes, era el prototipo físico perfecto de ese hombre soñado por sus camaradas. Sobre todo si permanecía callado, porque seguía teniendo una aguda voz de pito.

Oficial... ¿y caballero?

La dura situación en la Alemania de la primera posguerra llevó a la bancarrota a la familia Heydrich. En medio de la miseria, la inseguridad y el desempleo, nadie estaba con ánimo para enviar a sus hijos a estudiar piano o violín, ni para asistir a las salas de concierto o los teatros de ópera. El golpe de gracia fue la desmedida inflación de 1922, que convirtió al marco alemán en papel mojado, con lo que se esfumaron los ahorros y las inversiones de Bruno Heydrich. Su hijo se vio abocado a la necesidad de conseguir algún empleo, cuando los trabajos eran muy escasos y se retribuían con salarios ínfimos. Reinhard era demasiado orgulloso para aceptar ese destino, y lo bastante listo como para encontrar una salida. Ese mismo año se apuntó en el exclusivo núcleo de los cadetes de la prestigiosa escuela naval. La *Kriegmarine* (Marina de guerra) recibió con los brazos abiertos a ese arquetipo de la raza aria.

Al obtener su diploma Heydrich fue destinado al crucero *Berlin* como oficial de señales. Su superior directo era Wilhelm Canaris, el mismo que más tarde, siendo almirante, alcanzaría fama como maquiavélico jefe del *Abwehr* o servicio de contraespionaje del III Reich. Ambos oficiales establecieron una estrecha amistad, que con sus más y sus menos se mantendría hasta la trágica y bien merecida muerte de Heydrich. En la época del *Berlin* Heydrich visitaba con frecuencia a Canaris, jugaba con él al críquet y practicaban esgrima, o tocaba piezas de violín a dúo con Erika, la esposa de su anfitrión. En poco tiempo Heydrich fue ascendido a segundo teniente y se convirtió en un prometedor joven oficial de la *Kriegmarine*, con el apoyo del ascendente Canaris y también por méritos propios. Entre éstos, su sentido del deber y de la obediencia, su habilidad en varios deportes, así como su convicción antisemita y su pinta de ario puro, aspectos estos últimos que empezaban a pesar en los expedientes de la Marina.

Pero Reinhard Heydrich tenía un problema: era lo que hoy llamaríamos un sexoadicto, o sea, que perdía los papeles ante cualquier falda que se pusiera a su alcance. Su comportamiento con las mujeres era salaz y grosero, y a veces llegaba a situaciones desagradables. Por ejemplo, se dice que, estando su buque anclado en Barcelona, tuvo un serio incidente en una fiesta de la comunidad alemana, por propasarse con una de las damas presentes. Finalmente encontró la horma de su zapato al conocer a Lina von Olsten, una atractiva y virulenta militante del Partido Nazi, de la que se enamoró como un colegial. Hasta poco antes Heydrich había mantenido relaciones con la hija del director de un astillero, bajo promesa de matrimonio. Al anunciarse su próxima boda con Lina, la joven engañada lo denunció ante su jefe superior, el almirante Erich Raeder, alegando que había roto el compromiso que tenía con ella. Tal vez la muchacha había sido realmente ultrajada, o tal vez actuara por despecho, pero el caso es que su padre era íntimo amigo de Raeder, y éste se tomó muy en serio el asunto. El almirante sometió al teniente Reinhard Heydrich a un tribunal naval, que lo encontró culpable de «conducta impropia de un oficial y caballero» y sentenció su expulsión de la Marina.

En 1931, a sus 27 años, Heydrich veía truncada su brillante carrera y su secreta ambición de llegar a almirante de la *Kriegmarine*. Sólo tenía su violín y su novia, que permaneció a su lado a pesar de la historia con la otra joven y las graves consecuencias económicas y sociales que significaba para ellos la expulsión de la Armada. Pero Lina von Olsten era una mujer decidida y con muchos recursos. Por medio de su amigo Karl von Ebestein, que militaba en las SS y con el tiempo llegaría a general, consiguió que Heinrich Himmler concediera una entrevista a Reinhard. El astuto y ambicioso *Reichsführer* buscaba en aquel momento alguien que pudiera planificar un servicio propio de inteligencia para las SS.

El almirante W. Canaris, jefe de inteligencia de la *Wehrmacht* durante el nazismo, fue también dirigente de la *Abwehr*.

Heydrich le entregó una recomendación de Canaris, y explicó que había trabajado con éste, aunque omitió aclarar que como simple oficial de señales. Himmler, que admiraba a Canaris y se sentía impresionado por la planta de Sigfrido wagneriano de su entrevistado, le pidió que expusiera sus ideas para crear el servicio de inteligencia. Heydrich escribió velozmente y sin vacilar un plan de varios puntos. Al leerlo, Himmler decidió incorporarlo a las SS y encomendarle la puesta en marcha del sistema que había diseñado.

El hombre más temido del Reich

En un principio Heydrich sólo contaba en la sede de las SS con un pequeño despacho y una máquina de escribir, para crear el Servicio de Seguridad (*Sicherheitsdienst*) que sería conocido y temido por sus siglas: SD. Su primera tarea consistió en vigilar y registrar todos los movimientos de varios miembros del NSDAP; *National Sozialische Deutsche Arbeiterpartei* (Partido Nacional Socialista Obrero Alemán), y de los «camisas pardas» de las SA, *Sturmabteilung* («tropas de asalto») de Ernst Röhm, al que Himmler tenía entre ceja y ceja. La capacidad y entrega de Heydrich a esta labor de espionaje interno hizo que el SD creciera con sorprendente rapidez, elaborando comprometedores archivos sobre la vida privada de casi todos los jerarcas y figuras del régimen. Para tal fin se servía de escuchas telefónicas, cámaras y micrófonos ocultos, violación de correspondencia, sobornos a subordinados delatores y otros recursos que hubiera envidiado su camarada el almirante Canaris.

Como era de esperar, la actividad de Heydrich le ganó numerosos enemigos en el ámbito del nazismo. Desde Hesse llegó la presunción de su secreto origen judío, que corrió rápidamente por los pasillos y despachos del III Reich en toda Alemania. Para apagar esos rumores, Himmler llegó a considerar el cese del vilipendiado y temido jefe del SD. Pero antes de tomar una decisión decidió consultar con Hitler, quien disfrutaba con los informes y cotilleos de Heydrich que le hacía llegar el propio Himmler. Fue entonces cuando se produjo la entrevista a solas entre Heydrich y el Führer, cuyo resultado fue la permanencia del jefe del SD en su puesto, ascendido a coronel SS y con control sobre las sospechosas SA. Por supuesto, desaparecieron los chismes sobre su filiación judía, aunque muchos se hicieron in péctore la promesa de quitarlo de en medio.

Al producirse el ascenso de Hitler al poder en 1933, Heydrich organizó una batida multitudinaria de adversarios políticos, en especial sindicalistas, comunistas, intelectuales, aristócratas, religiosos y dirigentes de los partidos opositores. Fue tal el número de detenidos, que las prisiones existentes no dieron abasto para alojarlos. Himmler ordenó a Heydrich que buscara una solución, y éste encontró una antigua fábrica de municiones cerca de Múnich, que transformó en un campo de concentración para prisioneros políticos. Su esbirro Theodor Eicke se encargó de los detalles y supervisó las reformas necesarias. El lugar se llamaba Dachau,[2] y tuvo el vergonzante honor de ser el primer *lager* en la escalada de terror que continuaría con la habilitación de los campos de Buchenwald, Lichtenburg y Sachsenhausen.

Reinhard Heydrich continuó su carrera pegado como una lapa al meteórico encumbramiento de su superior. Ascendido a *Reichsführer* SS, Himmler, controlaba la SD, la Brigada de Investigación Criminal, y la recién creada Policía Política y Social, conocida como Gestapo. Sólo escapaba a su dominio las SA de Ernst Röhm, ya declinante y con las horas contadas. Heydrich, con la brutal colaboración del ya mencionado Eicke, organizó la sangrienta operación conocida como *Nacht der Langen Messer* o «noche de los cuchillos largos», una terrible matanza que acabó definitivamente con las SA y su díscolo jefe.

El aparato de investigación y represión manejado por Himmler y Heydrich sembró el miedo y el recelo en toda Alemania. La Gestapo podía detener a cualquier ciudadano y mantenerlo durante un tiempo indefinido en custodia preventiva (*Schutzhaft*), sin asistencia legal ni juicio alguno. Los esbirros de Heydrich gustaban de someter a sus «custodiados» a torturas y vejaciones de todo tipo, tuvieran o no algo que confesar. Desde luego las principales víctimas eran los judíos que incumplían las leyes restrictivas y discriminatorias contra ellos, y a veces también los que las cumplían. Igualmente podían ser detenidas «en forma preventiva» personas a las que se les suponía un delito en el futuro, y aquellas que criticaban al régimen o hacían circular chistes sobre el Führer y su entorno. La delación pasó a ser un recurso frecuente para venganzas personales o rapiñas de bienes y dine-

2. El campo de Dachau llegó a alojar a más de 200.000 prisioneros, de los cuales murieron por lo menos 50.000. En 1941 fue convertido en campo de exterminio, con cámaras de gas y hornos crematorios, aunque existen dudas sobre si llegaron a utilizarse, ya que la mayor parte de los destinados al exterminio eran enviados a los campos de Polonia. En 1945 se cerró definitivamente, tras una devastadora epidemia de tifus.

¡Puerco judío!

La siguiente anécdota, se dice que narrada por un ayuda de cámara de Heydrich, ilustra dramáticamente las enfermizas contradicciones del jefe del SD y, de ser cierta, revela sus propias dudas sobre su origen judío. De acuerdo con esta versión, una noche Heydrich volvió a su apartamento totalmente ebrio, después de participar de una orgiástica fiesta con otros oficiales de las SS. No se sabe si en esa bacanal salió a relucir su posible «impureza racial», pero lo cierto es que a su regreso se plantó titubeante y lloroso ante un espejo. Empuñó su pistola y disparó varias veces a su imagen en el cristal, al tiempo que gritaba «¡Puerco judío...!».

ro, y todo el mundo sospechaba de todo el mundo, incluso de sus cónyuges, familiares o amigos, porque cualquiera podía ser un informante voluntario u obligado de la temible Gestapo.

Al contrario de Himmler, que adoraba pavonearse en público, Heydrich prefería mantenerse en la sombra. Su nombre y cargo no eran muy conocidos por el público, evitaba hacerse visible en los fastos del régimen, pasaba largo tiempo tocando en solitario su violín, y repartía su vida privada entre la familia y el reducido grupo de oficiales SS de cierto rango que lo acompañaba en sus borracheras y en el desahogo de su insaciable apetito sexual. Pero nada de esto trasponía su círculo íntimo, aunque es probable que la sagaz Lina von Olsten no lo ignorara. Y si algo de los vicios privados de Heydrich hubiera llegado a otros oídos, nadie se habría atrevido a meterse con el hombre más peligroso y astuto en todo el III Reich.

Heydrich era realmente excepcional en su oficio, y no había conjura que no pudiera manejar entre bambalinas, ni alto personaje que no se atreviera a derribar. En 1937, cuando Hitler aún no había firmado su pacto con Stalin, Heydrich obtuvo de su amigo Canaris un documento del general disidente soviético Skoblin, donde explicaba la existencia de una conjura en la cúspide del Ejército Rojo liderada por el general Mihail Tujachevsky, el notable estratega creador de la artillería motorizada. Heydrich, tras consultar con Hitler, dejó que el contraespionaje checo se hiciera con el documento, que llegó inmediatamente a Stalin. La ira del líder soviético provocó una purga de 3.000 oficiales, entre ellos Skoblin y el prestigioso Tujachevsky.

Campo de exterminio nazi de Dachau, en Alemania.

Ya que estaba en el tema, en noviembre de ese mismo año Heydrich sirvió en bandeja al Führer las cabezas del ministro de Guerra, Werner von Blomberg y el comandante en jefe del ejército, general Werner von Fritsch. Ambos habían expresado dudas sobre los proyectos bélicos de Hitler, quien utilizó como excusa para exonerarlos una serie de calumnias apañadas por Heydrich. Al año siguiente, después de anexarse Austria y la región fronteriza checa de los Sudetes, Hitler se dispuso a invadir Polonia. Para justificar ese paso ante la comunidad internacional, encargó a Heydrich que se inventara una buena excusa y éste montó una trágica parodia: asesinó a unos cuantos prisioneros de Sachsenhausen, y vistió los cadáveres con uniformes del ejército polaco. Tomó varias fotografías de los difuntos como muertos en combate, y anunció que eran miembros de un comando de ese país que había atacado una emisora militar alemana. Es posible que nadie en el mundo se lo creyera, pero dentro de Alemania sirvió a Goebbels para exacerbar su propaganda ultranacionalista.

La «solución final»

De acuerdo con los testimonios de Adolf Eichmann en el proceso que se le siguió en Israel, el 31 de julio de 1941 Heydrich recibió un mensaje del *Reichmarschal* Hermann Goering, transmitiéndole una orden secreta de

Hitler. En ella se lo autorizaba a preparar todo lo necesario para la «solución final» *(endlösung)* del problema judío. En la práctica, ese eufemismo representaba el total exterminio de 11.000.000 de seres humanos en la Europa conquistada y el territorio ocupado de la Unión Soviética. La magnitud de ese genocidio no pareció amedrentar a Heydrich, que se dispuso a sorprender una vez más al amado Führer con su fría eficiencia de sicario. Para tal fin convocó la Conferencia de Wannsee, una especie de reunión de directorio que anunció el estilo empresarial que se proponía utilizar. Aunque dejó el trabajo sucio en manos del diligente Eichmann y sus secuaces, Reinhard Heydrich organizó y supervisó toda la evolución de la matanza,

Lina Heydrich: la viuda triste

Al producirse la victoria de los aliados el nombre de Reinhard Heydrich no figuró en la lista de criminales de guerra, ya que había fallecido tres años antes. Por esa razón su viuda pudo retener la mansión en Praga y otros bienes decomisados por Reinhard, e incluso recibir del gobierno Adenauer una sustanciosa pensión correspondiente al rango de su marido. Los Heydrich habían perdido a su primogénito, Klaus, en un accidente de automóvil, pero Lina debió hacerse cargo de sus otros tres hijos: un varón, Heider, y dos niñas, Silke y Marte. Con ellos regresó a su antiguo hogar en la isla alemana de Fehmarn, en el mar Báltico, donde instaló un lujoso restaurante.

Lina Heydrich era sin duda una mujer rica, pero de carácter amargado y receloso a causa de la siniestra fama de su marido. Uno de sus parroquianos habituales, el poeta y director de teatro danés Mauno Manninen, le ofreció matrimonio con el piadoso fin de que pudiera usar su apellido. Después de la boda nunca vivieron juntos y, al parecer, la relación conyugal no llegó a consumarse. Lina Manninen escribió en 1975 un libro titulado *Una mujer en el III Reich* que, quizá por razones de mercado, firmó con su anterior apellido. Nunca reconoció la actuación criminal de su marido, o al menos no admitió que ella la conociera. Murió en 1985, a los 74 años. Su hijo Heider llegó a dirigir una importante empresa aeronáutica en la Alemania Federal.

como si se tratara de un proceso industrial. Los campos de exterminio eran para él y Eichmann una cadena de fábricas; su materia prima, los judíos que traían en tétricos trenes desde toda Europa; sus herramientas, las cámaras de gas y los hornos crematorios, y el producto final, el número de víctimas eliminadas cada día. Ese proceso significó la masacre más cruel, irracional y masiva en la historia de la humanidad.

Como reconocimiento a sus excelentes servicios, en septiembre de 1941 Hitler otorgó a Heydrich el alto cargo de protector de Bohemia y Moravia (la actual República Checa, con su capital Praga). En su nueva función Heydrich emprendió una política de doble juego: desató una implacable represión de opositores y miembros de la Resistencia; al tiempo que favorecía a los trabajadores que cumplían las cuotas de producción establecidas y se afiliaban al Partido Nazi. No pudo ejercer mucho tiempo esa astuta táctica porque, como sabemos, el 27 de mayo del año siguiente sufrió un atentado que poco después le costó la vida. Así, el generoso nombramiento de Hitler resultó a la postre un premio envenenado.

Heinrich Himmler: El inquisidor burgués

El todopoderoso jefe de las SS y la Gestapo nunca golpeó ni ejecutó personalmente a nadie. Para eso estaban los verdugos de a pie, encargados del trabajo sucio, bajo las órdenes de tipos duros como Heydrich, Eichmann, Höss, y otros que actuaban sobre el terreno. Himmler, un pequeño burgués bajito, calvo, con gafas redondas, permanecía en su despacho controlando todo, y sólo se atrevía a realizar algunas esporádicas visitas a los campos. No obstante fue el principal e implacable responsable del horror de la *Shoah*, al frente del mayor aparato estatal de exterminio masivo e indiscriminado en la historia de la humanidad.

Heinrich Himmler nació en Múnich el 7 de octubre de 1900, en el seno de una piadosa familia católica. Su padre, un profesor que había sido tutor del príncipe heredero de Bavaria, le inculcó una rígida formación religiosa y moral. En las postrimerías de la primera guerra mundial el joven Himmler sirvió como oficial cadete en el 11.º Regimiento Bávaro, y en 1922 obtuvo el título de técnico agrícola. En 1923 participó en el frustrado *Putsch* (golpe de Estado) de la cervecería de Múnich, junto a Ernst Rohm y otros pioneros del nacionalsocialismo hitleriano. En 1927 contrajo matrimonio con Margarete Siegroth, una bonita rubia siete años mayor que él, y en 1927 el Führer lo puso al frente de su guardia personal, unos 200 hombres aguerridos que formaban las primeras SS (*Schutzstaffel*, o «escuadras de defensa»). Cinco años después la organización alcanzaba los 53.000 efectivos. En junio de 1934 liquidó a sangre y fuego a las SA (*Sturmabteilung*, o «unidades de asalto») de su rival Ernst Röhm, consiguiendo el control absoluto de la inteligencia y la Policía Política del Reich.

Heinrich Himmler fue el autor intelectual de todos los crímenes del nazismo contra la población judía de Europa, los gitanos y los opositores políticos. A finales de la guerra quiso negociar personalmente con los aliados, traición por la que Hitler lo expulsó del NSDAP y ordenó su arresto. Himmler intentó escapar disfrazado de campesino, pero fue detenido por los británicos en Bremen. Antes de ser interrogado en Hannover en 1945, se suicidó con una pastilla de cianuro que llevaba oculta en la dentadura.

Heinrich Himmler, jefe de la SS y la Gestapo.

2

Adolf Eichmann
Un burócrata implacable y servil

En la mente de Eichmann, no había gran diferencia
entre montar una gasolinera o un campo de exterminio.

David Cesarani, historiador del Holocausto

La muerte de 100 personas es una tragedia;
la muerte de 6.000.000 es una estadística.

Adolf Eichmann
Yo, Adolf Eichmann. Una memoria histórica

Los tres vehículos avanzaban en fila por la carretera que lleva a Ezeiza, el aeropuerto de Buenos Aires. Poco antes de llegar a su destino, el primero y el último se desviaron por un camino lateral, mientras el coche que había ocupado el centro seguía rumbo a la estación aérea. Al llegar frente al control de seguridad, sus ocupantes comenzaron a cantar con voces discordantes, riendo torpemente y meciéndose en sus asientos.

—¿Qué, muchachos...? ¿Anduvieron de farra? —preguntó el guardia de la entrada, sin abrir la barrera.

El acompañante del conductor agitó en la mano una botella de whisky, al tiempo que guiñaba un ojo, y lanzó una risa tonta de borracho.

—Sí, agente... farra... ¡mucho farraaa! —chapurreó en un español vacilante—. Fiesta por volver... casa.

El guardia se inclinó hacia el coche, y dirigió la luz de su linterna al asiento trasero. Había un joven durmiendo la borrachera, y una chica de bonitas piernas, espatarrada. Entre ambos se encogía un hombre algo mayor, con una mirada fija, extraviada, de alucinado, que hizo pensar al agente que aquel era el más bebido de todos. Meneando la cabeza se dirigió a abrir la barrera.

—Está bien, muchachos, pueden pasar —dijo con aire cómplice—. Pero la próxima vez, mejor esperan a subir al avión para emborracharse.

Ya en el aeropuerto, la chica se dirigió con paso firme a las cabinas telefónicas. El conductor y su acompañante también se tornaron sobrios de golpe. Cogieron al hombre maduro, casi desvanecido. Tuvieron que sostenerlo entre ambos, y aun así apenas conseguía andar con pasos arrastrados. Los captores lo llevaron a los servicios, en ese momento vacíos. Extrajeron de sus maletas unos uniformes de tripulantes de la compañía israelí El Al y se los pusieron rápidamente. Luego comenzaron a cambiar de ropa al tercer hombre.

—Date prisa —murmuró en hebreo el más joven—. Los del avión nos están esperando.

El otro le calzó la gorra al prisionero. Éste ya se sostenía de pie por si mismo, y de pronto dijo en alemán:

—No olvidéis mi chaqueta. Un tripulante debe subir a bordo con su uniforme completo y en orden.

En la pista esperaba un avión charter de El Al, que llevaría de regreso a la delegación israelí que había asistido al 150.º aniversario de la independencia argentina. Cuando los tres hombres subieron por la escalerilla, las azafatas de cabina los recibieron con sus sonrisas profesionales. No sabían que el taciturno individuo que miraba silencioso las luces húmedas de Ezeiza era Adolf Eichmann, responsable directo de la «solución final» que había exterminado a millones de judíos europeos. Sus captores eran agentes del Mossad, el servicio secreto israelí, que habían planeado y ejecutado una brillante operación de inteligencia, al secuestrar ilegalmente a Eichmann en su refugio en Argentina, para llevarlo ante los tribunales de Israel.

Un encuentro en el Tirol

Simon Wiesenthal, el más notorio de los cazadores de nazis fugitivos, tenía como afición el coleccionar sellos de correos. Como todos los filatelistas de cierto nivel, solía mantener correspondencia con otros coleccionistas para intercambiar ejemplares o adquirirlos por dinero. Por ese medio en 1953 tomó contacto con un noble austriaco que se preciaba de poseer un importante conjunto de sellos de Argentina. Wiesenthal fue a visitarlo en su castillo del Tirol, y comprobó que el aristócrata no exageraba.

Ante la pregunta de cómo había obtenido tantos y tan buenos sellos de aquel país, el anfitrión explicó que provenían de las cartas que le enviaba desde Buenos Aires su amigo el teniente Hoffman, que durante la guerra había servido en la 118.ª División de la *Wehrmacht*. El hombre ignoraba las actividades de Wiesenthal como «cazanazis», y para demostrarle que los sellos que le interesaban no tenían origen delictivo, le dio a leer una de las cartas de Hoffman. Tras pasar rápidamente sobre los comentarios filatélicos, Wiesenthal se detuvo en un párrafo que hizo saltar todas sus alarmas de sabueso: «El otro día vi a ese cerdo de Eichmann, el exterminador de judíos; vive cerca de Buenos Aires y trabaja en una empresa alemana». Quedaba claro que el ex teniente, como otros oficiales del ejército alemán, despreciaba a los miembros de las SS. Pero lo importante para Simon Wiesenthal era que acababa de encontrar la pista de su presa más codiciada.

El investigador privado pasó inmediatamente la información a los servicios israelíes, aún en rodaje y muy dependientes de la CIA. Le respondieron que Adolf Eichmann no podía vivir en Argentina, porque los americanos habían detectado que se refugiaba en Damasco (Siria). Aparte de saber si la CIA inventó ese falso escondite del fugitivo para despistar a sus auténticos perseguidores, la negativa del Gobierno israelí ponía en peligro la laboriosa investigación de Wiesenthal, y tornaba inútil aquel golpe de suerte en el castillo del Tirol.

Por fortuna Isser Harel, uno de los fundadores del Mossad en 1952 y su primer director, no se fiaba del todo de los datos provenientes de la CIA. Decidido a no dejar cabos sueltos en la búsqueda de los verdugos nazis que se escondían de la justicia, inició su propia investigación a partir de la información proporcionada por Wiesenthal. En una sigilosa operación secreta envió a Argentina espías de su equipo, que se infiltraron en los círculos de residentes alemanes y buscaron complicidades en la numerosa comunidad judía. Así llegaron a hablar con una chica, que les contó que había salido varias veces con un joven llamado Nicolás (Klaus) Eichmann. Él no sabía que ella era judía, y se ufanó del papel de su padre en la matanza de los judíos europeos, lamentando que los nazis «no hubieran terminado su trabajo». Los hombres del Mossad siguieron cuidadosamente esa pista, que en un primer momento los llevó a un domicilio anterior de Eichmann, donde no conocían su paradero. Buscaron entonces a Nicolás Eichmann, y su seguimiento los guió a una vivienda en la zona más pobre de la localidad de San Fernando, en la conurbación de Buenos Aires. En uno de los informes de la operación que recibió Harel, su agente se mostraba asombrado de que

Eichmann, que tanto dinero y joyas había recaudado y robado, y tantas mujeres hermosas había tenido a su disposición, viviera junto a una esposa gorda y desaliñada, en una modesta casita suburbana de paredes sin revocar.

La casa de la calle Garibaldi

Quince años después de la operación, en 1975, Harel publicaría un libro titulado *La casa de la calle Garibaldi,*[1] con referencia a la vivienda de Eichmann en el número 6067 de la calle donde fue capturado. En su libro el ex jefe del Mossad describe todos los detalles del secuestro, comenzando por la sigilosa y continua vigilancia de la casa que realizaron sus agentes, tomando fotografías con lentes telescópicas, registrando el estado de deterioro, la puerta de tablas despintadas y la falta de una valla que separara de la acera la maleza que hacía de jardín. Pero el objetivo principal del equipo del espionaje israelí era el hombre de aspecto insignificante que vivía allí con su familia. Casi calvo y con gafas, sus rasgos se semejaban a las fotos de Eichmann en sus tiempos de apogeo. Pero habían transcurrido quince años y el habitante de la calle Garibaldi también se parecía a centenares de otros hombres de mediana edad que caminaban por las calles de Buenos Aires. Harel no tenía muchas dudas de que se trataba del criminal nazi, pero necesitaba contar con una prueba concluyente. Lo único peor que perder a su presa sería secuestrar al hombre equivocado.

La tan ansiada comprobación de la identidad de Eichmann tuvo lugar el 21 de mayo. Los hombres del Mossad que estaban de guardia frente a la casa casi saltaron de alegría, al ver llegar al sospechoso con un ramo de flores. Sabían que en esa fecha se cumplían las bodas de plata de los Eichmann, dato confirmado por la presencia en la puerta de la esposa e hijos, especialmente vestidos para la ocasión, y el beso que acompañó la entrega del ramo. Al saber esto Isser Harel decidió trasladarse a Buenos Aires, para dirigir personalmente la arriesgada operación de secuestrar a Eichmann y sacarlo del país clandestinamente. El 11 de mayo todo estaba listo para entrar en acción. Los agentes habían comprobado que Eichmann regresaba a casa de su trabajo en autobús, alrededor de las 7.45 de la tarde. A las 7.30 desplegaron el grupo operativo. El jefe, Gaby, y otro miembro simulaban tener problemas con su coche, casi frente a la casa de la familia Eichmann. Unos 25 metros

1. Versión española publicada por Grijalbo, Barcelona, en 1976.

más atrás, en la misma calle Garibaldi, otros agentes al mando de Ehud fingían también revisar el motor de un segundo vehículo. Un ciclista que pasaba les ofreció ayuda, recibiendo una amable pero firme negativa. Pasaron dos autobuses sucesivos, sin que descendiera ningún pasajero. Del tercero bajaron dos mujeres, que se alejaron calle abajo. Los captores comenzaron a inquietarse. ¿Era posible que aquel día su presa hubiera regresado antes por alguna razón, y estuviera ya en la casa? ¿O tal vez estaba de viaje y no aparecería en toda la noche? Cuando pasaron las ocho, se inició una discusión sobre la conveniencia de abandonar la operación. Tal vez lo hubieran hecho, si en el siguiente autobús no hubiese llegado Adolf Eichmann. El criminal nazi avanzó por la acera acercándose al primer coche. «Un momentito», le dijo Gaby, abalanzándose sobre él. Según relataría Harel, «Eichmann emitió un grito terrible, como una bestia salvaje cogida en una trampa», y cayó al suelo. Sus captores lo metieron en uno de los coches y se dieron a la fuga. Toda la operación había tardado menos de diez minutos.

Durante todo el trayecto el criminal atrapado viajó tendido en el suelo del asiento trasero, atado de pies y manos y con una venda en los ojos. Nadie pronunció una palabra hasta llegar al piso franco alquilado por un colaborador anónimo en Buenos Aires. Mientras los captores introducían a Eichmann en el edificio, otros agentes se ocuparon de ocultar los dos coches en el garaje. Una vez llegados al apartamento, lo vistieron con un pijama y le ataron las piernas al somier de la cama. Acto seguido le revisaron la dentadura por si ocultaba alguna ampolla de veneno. Luego buscaron inútilmente el tatuaje de identificación que llevaban todos los SS en la axila. No lo encontraron, y el prisionero se apresuró a explicarles que se lo había raspado con una hoja de afeitar cuando estuvo detenido por los americanos. Permanecieron en esa situación durante nueve días, durante los cuales no quitaron ojo a Eichmann, que se mostró en todo momento dispuesto a colaborar y casi obsequioso. Los agentes del Mossad no dejaron de sorprenderse por esa actitud del hombre al que suponían una bestia feroz e irreductible. Su prisionero era un hombrecillo común, asustadizo y ansioso, como cualquier otro que se encontrara en esa situación.

En esos días debía llegar a Buenos Aires una delegación oficial de Israel, encabezada por el ministro de exteriores Abba Eban. Junto a otros representantes extranjeros, participaría de la fastuosa celebración del 150.º aniversario de la independencia argentina, ocurrida el 25 de mayo de 1810. En el avión de regreso de la delegación israelí viajaría el prisionero Mossad, sin que nadie a bordo supiera quién era en realidad.

La juventud de un autómata

En el otoño de 1921 el señor Karl Eichmann se sentía decepcionado. El responsable de su preocupación era su hijo Adolf, que acababa de abandonar sus estudios de ingeniería eléctrica después de una vacilante carrera en la Escuela Técnica de Linz. Unos años atrás la familia se había trasladado a esa pujante ciudad austriaca desde Solingen, en Alemania, a causa de un ascenso otorgado a *Herr* Eichmann en su trabajo. Por entonces Adolf era un niño de ocho años, esmirriado, orejón y con una nariz aguda. Sus compañeros se burlaban de él llamándole *klein jude*, «pequeño judío», porque sus rasgos se parecían a las caricaturas antisemitas que aparecían en la prensa de la época. Los Eichmann eran una devota familia protestante de clase media, y el padre ocupaba un alto puesto en una compañía minera. No opinaban demasiado mal de los judíos, sobre todo Adolf, que tenía pocas opiniones propias.

Durante un tiempo el joven Eichmann trabajó como simple obrero en la compañía de su padre, sin presentar ninguna queja. A los 18 años dejó ese empleo para desempeñar un puesto de administrativo en diversas empresas. Según algunos testimonios de entonces, era un empleado aplicado y muy cumplidor, aunque de pocas luces y escasa iniciativa. En 1932 trabajaba como vendedor itinerante de la Vacuum Oil Company, cuando un amigo de la familia, Ernst Kaltenbrunner, le aconsejó que se inscribiera en la rama austriaca del NSDAP. Siempre obediente, Adolf se apuntó al Partido Nazi el día 1 de abril de ese año, con el carné número 889.895, y pasó a formar parte de las SS locales como *Anwärter* o aspirante. Dos años después su protector Kaltenbrunner se había convertido en una figura descollante del nazismo austriaco, y consiguió que su pupilo fuera aceptado como miembro efectivo de las SS, con el número 45.326. Asignado en un principio a una delegación en Salzburgo, Eichmann pasó al año siguiente al cuartel general en Berlín.

El hecho de haber crecido en Linz, ciudad donde el propio Führer había pasado su niñez y adolescencia, le ganó a Eichmann de entrada un cierto respeto en el ámbito de las SD, la poderosa organización de seguridad del Partido Nazi. Su comandante en jefe, Reinhard Heydrich, lo mandó llamar para sonsacarle algo sobre el tema. Pero aunque Eichmann, con su estólida sinceridad, negó haberse cruzado siquiera con el joven Hitler en las calles de Linz, su superior decidió confiarle una delicada misión: se encargaría de catalogar toda la información secreta sobre la masonería. En aquel momento los nazis, y sobre todo Heydrich, creían que las logias masónicas actuaban como apoyo en la sombra al maléfico proyecto judío de dominación mundial. A Eichmann le daba igual organizar archivos sobre los masones o sobre los pasteleros, y se aplicó a su trabajo con la eficiencia mecánica de un autómata.

La perfección burocrática mostrada por el joven SS de Linz impresionó a sus superiores. Si Eichmann había catalogado con tal orden y detalle los dosieres de los masones más prominentes de Alemania, ¿por qué no ponerlo a hacer lo mismo con los personajes judíos más influyentes y peligrosos? Heydrich comentó el asunto con su jefe y comandante de las SD, el *Reichsführer* Heinrich Himmler, también un gran admirador de la eficacia. Éste designó a Eichmann encargado del Museo Científico de Asuntos Judíos de las SD, eufemismo que designaba a un nuevo departamento de información y documentación sobre las comunidades judías en Alemania.

El especialista en judíos

Eichmann entendió que aquel departamento había sido creado para él, o al menos a causa de él, por sus virtudes como impar archivero y documentalista. Dedicó entonces todas sus energías al tema judío, dispuesto a superar su éxito con los archivos masones. En general, los nazis manejaban dos o tres prejuicios vulgares sobre el judaísmo, y temían caer en desgracia si mostraban mayor interés por el asunto. Pero Adolf Eichmann estaba libre de esa prevención, porque a él le habían encomendado precisamente documentar y clasificar todo lo que tuviera que ver con los judíos. Y eso fue lo que hizo, con la objetividad, el orden y la disciplina que caracterizaban su forma de actuar. Estudió la lengua hebrea y la cultura judía, asistió a reuniones y ceremonias religiosas, alternó con rabinos y personalidades de la comunidad, e incluso llegó a hacerse entender en un *yiddish* rudimentario.

El 30 de enero de 1933 Adolf Hitler fue designado canciller (*Reichskanzler*), o sea, jefe del Gobierno alemán. Tres meses después el fanático nazi Julius Streicher lanzaba una campaña contra los comercios y profesionales judíos en su revista *Der Sturmer* («el asaltante», en clara alusión a las tropas de asalto). Desde ese momento la bandera antisemita del NSDAP, ahora consagrado como partido único, se convirtió en una política de Estado. Comenzaron a dictarse medidas discriminatorias, incluyendo la obligación de portar una estrella de David amarilla sobre la ropa, o la prohibición de trabajar en la Administración, ejercer ciertas profesiones, o entrar en determinados locales o espectáculos. El departamento de asuntos judíos de las SS estaba sobrecargado de trabajo, y su jefe, el teniente Eichmann, comenzaba a ascender en el escalafón del nazismo. En 1935 se promulgan las famosas «Leyes de Núremberg» por las cuales los judíos son privados de la nacionalidad alemana, se prohíben los matrimonios mixtos y la contratación de trabajadores o servidores «arios» por las familias judías.

El 2 de mayo de ese mismo año el ascendente Adolf Eichmann contraía matrimonio con Verónika (Vera) Liebl, que con el paso del tiempo le daría cuatro hijos varones: Klaus, Horst, Dieter y Ricardo, este último nacido en 1955 en el refugio argentino. Pero en aquellos momentos quienes deseaban

Escaparate de un establecimiento judío con carteles advirtiendo a los ciudadanos de que no compren productos judíos.

refugiarse en otro país eran los judíos alemanes, que se sentían humillados y perseguidos en su propia patria. Los nazis moderados —si así puede llamárselos— compartían la idea de que lo mejor que podía hacerse con los judíos era impulsarlos a marcharse, para librar al Reich de la conspiración judaico-masónica. Eichmann colaboró en los aspectos burocráticos de esa disimulada expulsión, tarea que no resultó fácil. En parte, porque los candidatos a emigrar se resistían a que las SS requisaran sus bienes y propiedades en Alemania; y en mayor medida, porque los países europeos y americanos daban largas a los visados o directamente restringían las entradas migratorias, en especial si se trataba de judíos alemanes. El recurso que quedaba eran las comunidades de pioneros en Palestina, por entonces un protectorado británico que también impuso limitaciones al ingreso de nuevos inmigrantes. No obstante se calcula que, de una forma u otra, alrededor de 500.000 personas consiguieron salir de Alemania entre 1935 y 1938, escapando a tiempo de la siniestra matanza genocida que dio celebridad a Adolf Eichmann.

En aquel último año tuvo lugar el indicio más claro de lo que podía ocurrirles a los judíos de Alemania. Entre el 9 y el 10 de noviembre se desató una campaña de terror, en la que las SS detuvieron a decenas de miles de personas en todo el Reich, sacándolas a golpes de sus hogares y enviándolas a campos de concentración. Asaltaron más de 1.500 sinagogas; y destrozaron 7.000 tiendas de comerciantes judíos, robando sus mercancías y rompiendo las puertas y escaparates. Los propios nazis bautizaron esa demostración de barbarie como la *Kristallnacht* o «noche de los cristales», por la gran cantidad de trozos de cristal que quedaron dispersos en las calles y plazas. Eichmann, a las órdenes de su jefe Reinhard Heydrich, tuvo un papel fundamental en aquel vandálico suceso, en especial organizando el traslado de los detenidos a los nuevos campos de concentración de Dachau, Sachsenhausen y Buchenwald.

De la expoliación a la deportación

El Führer del III Reich no ocultaba sus intenciones expansionistas, mientras los gobiernos de los otros países europeos intentaban aplacar sus ínfulas con concesiones vergonzantes. Cuando en 1938 Hitler puso en práctica su primer golpe de mano, la *Anschluss* o anexión de la vecina Austria, Eichmann fue enviado a Viena para estudiar y catalogar a las comunidades judías de ese país. Allí instaló una Oficina Central de Emigración Judía, que era el

El doctor Freud y la princesa Bonaparte

A pesar de los ofrecimientos de la Oficina de Emigración instalada por Eichmann, el célebre médico judío Sigmund Freud, fundador del psicoanálisis, se negaba a marcharse de Viena. Sus razones eran su apego a la capital austriaca, su avanzada edad (81 años) y la imposibilidad de reunir la enorme suma exigida. Intervino entonces su paciente y discípula Marie Letizia Bonaparte, descendiente de un hermano de Napoleón, Lucien, que jugó un papel fundamental en el golpe del 18 brumario y luego fue embajador durante el Consulado.

La princesa Marie, afectada de histeria y anorgasmia, se trataba con Freud en sus frecuentes viajes a Viena desde su residencia en París. Gran admiradora de la personalidad y la obra del anciano, que a su vez estimaba su entusiasmo por el psicoanálisis, consiguió convencerlo de la necesidad de abandonar Austria. Por sus contactos con las casas reinantes de Grecia y Dinamarca, la princesa Bonaparte pudo obtener el permiso de emigración, aunque pagando de su peculio la ingente suma que exigían los nazis. Acompañó a Freud a su exilio en Londres, donde el eximio investigador moriría al año siguiente. Gracias a ella, falleció en su cama rodeado de sus familiares, y no en una tétrica cámara de gas.

único organismo que otorgaba los pasaportes para que los judíos austriacos pudieran salir al exterior. Mejor dicho, los judíos austriacos ricos, con posibilidades de entregar a la oficina una ingente fortuna a cambio de ese vital salvoconducto. En sólo un año y medio más de 100.000 personas abandonaron el país por ese intercambio, dejando todo lo que tenían con tal de escapar de un infierno anunciado. Eichmann, hombre fiel y disciplinado, enviaba puntualmente el producto de esa apropiación al gobierno o al partido, que venían a ser lo mismo. Sus remesas eran tan sustanciosas que Himmler le ordenó que instalara oficinas similares en Berlín y Praga. Tal vez este dato otorgue parte de razón a quienes aseguran que el antijudaísmo nazi fue, básicamente, una operación de expolio económico y financiero.

Con el estallido de la *Blitzkrieg* o «guerra relámpago» el 1 de septiembre de 1939, Hitler comenzó a poner en práctica su sueño de restablecer el gran Imperio germánico de Carlos V, esta vez sin dejar fuera a Francia e

Inglaterra. Los tanques Panzer y los aviones de la *Luftwaffe* desmembraron Checoslovaquia y se apoderaron de Polonia en sólo tres semanas. En mayo del año siguiente ocuparon la deseada Francia y los Países Bajos, así como poco después Noruega y Dinamarca. En total, el nazismo impuso su dominio en 15 países, casi toda la Europa continental, con las escasas excepciones de España, Suecia y Suiza. En la mayor parte de las naciones ocupadas había numerosas y consolidadas comunidades judías, lo que preocupó seriamente a Heinrich Himmler. De pronto era responsable de la mayor parte de más de 9.000.000 de judíos europeos, que no estaban registrados como tales por sus gobiernos, ni había países vecinos adonde se pudiera trasladarlos previo pago. El III Reich inició entonces una nueva política respecto a los judíos, ya anunciada por la *Kristallnacht*. De animarlos y expoliarlos para que emigraran al extranjero, se pasó a su deportación masiva hacia campos de concentración y de trabajos forzados. Una vez más el responsable directo de esa tarea fue Adolf Eichmann, el experto en judaísmo de las SS y excelente clasificador de seres humanos. Para dotarlo de mayor autoridad en los países bajo dominio nazi, fue designado jefe de la Sección IV-D4 de la Gestapo, cuyo jerarca máximo era su protector Heinrich Himmler. Oficialmente el departamento de Eichmann se encargaba del transporte de personas en la sección dedicada a la «cuestión judía». Pero en cuanto era el alto oficial con mayor experiencia sobre el tema, en realidad organizaba todo lo relacionado con lo que se llamaría la «solución final».

Es sabido que Hitler sentía una obsesión paranoica por librar a su inmenso imperio europeo de la milenaria presencia del judaísmo. Desde un punto de vista práctico, las identificaciones, redadas, detenciones y rapiñas de las familias judías en millares de ciudades y pueblos, aunque aportaban un abundante beneficio en bienes decomisados y robados a los prisioneros, representaban un alto coste para el Reich en personal, tiempo y recursos. Ese coste afectaba gravemente el esfuerzo de guerra, tanto en hombres como en equipos, y debilitaba la seguridad de las tropas ocupantes. Su contrapartida era el envío de obreros forzados a los campos de trabajo, para las industrias bélicas de Goering. Ese destino correspondía a los hombres sanos y fuertes, mientras que los ancianos, mujeres, niños, enfermos, lisiados, homosexuales o gitanos eran agrupados en campos de concentración, donde muchos morirían de hambre, debilidad, disentería, gangrenas y otros males, cuando no eran directamente asesinados por sus guardianes. Por otra parte, Heydrich y Eichmann, o sus subalternos, seleccionaban en una determinada población a los judíos notorios (rabinos, médicos, abogados, comerciantes y otros sospechosos de tener cierta fortuna), saqueaban sus hogares y efectos personales y, junto a sus familias, los amontonaban en vagones de carga. En algunas ciudades, por orden de Heydrich y ejecución de Eichmann, los judíos eran confinados en ciertos barrios aislados y muy reducidos, donde vivían hacinados, como en las juderías de la Edad Media. En esas verdaderas prisiones urbanas, la comida y el agua eran dramáticamente escasas y las enfermedades se expandían con suma facilidad. Muchos morían por desnutrición o males infecciosos, pero el luchar juntos por sobrevivir les daba fuerzas y ánimos. Incluso para llegar a inmolarse en nombre de la dignidad de todos y cada uno, como los protagonistas del levantamiento del gueto de Varsovia contra el régimen nazi en 1943.

Los trenes del terror

En el verano de 1941 el dominio total de Europa impulsó a Hitler a lanzar la célebre Operación Barbarroja, que pretendía invadir la Unión Soviética. Mientras Moscú y Stalingrado resistían heroicamente, las divisiones de la *Wehrmacht* ocupaban un amplio territorio en las regiones occidentales de la URSS. En noviembre, la llegada del famoso «General Invierno» (cuyas gélidas temperaturas ya habían congelado en 1709 al ejército invasor de Carlos XII de Suecia, y a la *Grande Armée* de Napoleón Bonaparte en 1812), obligaron a una vergonzante y desastrosa retirada de las tropas alemanas. A esta derrota siguió la entrada de Estados Unidos en la guerra, y los contundentes bombardeos de la RAF británica. Por primera vez el Führer vislumbró la posibilidad de ser derrotado, y su reacción paranoica fue ordenar la «solución final» de la cuestión judía. El método escogido fue el exterminio de todos los que cayeran en manos de las SS y la Gestapo.

En un documento interno y secreto fechado el 31 de julio de 1941, Hermann Goering ordenaba a Eichmann «preparar un plan general del material administrativo y las medidas financieras necesarias, para llevar a cabo la deseada solución final de la cuestión judía». Ambos sabían que Adolf Hitler era quien más «deseaba» esa solución, y que para él eso significaba la aniquilación de los judíos de Europa y de la URSS ocupada. Aparte de la desaprensiva indiferencia que experimentaba Eichmann ante semejante genocidio, la gigantesca tarea significaba un desafío personal para el burócrata nazi que más sabía sobre los judíos. Su eliminación de la faz de la tierra sería una paradójica y triunfal culminación de su carrera. En enero

Apiñados en vagones de carga herméticamente cerrados y atestados, los deportados soportaban el calor en verano y las bajas temperaturas en invierno.

del año siguiente Reinhard Heydrich y su colega Eichmann convocaron la ya mencionada Conferencia de Wannsee, junto al lago y balneario berlinés del mismo nombre. Citaron en ese sitio reservado y sereno a otros quince oficiales SS destinados a esa operación, para elaborar un plan completo y detallado que daría cumplimiento al tétrico deseo expreso del Führer.

Adolf Eichmann fue el ejecutor sobre el terreno de la «solución final», para lo cual escudriñó hasta el último rincón de Europa en busca de judíos. Éstos eran retenidos en campamentos de paso, cerca de estaciones ferroviarias, hasta embarcarlos en los «trenes del terror» que cruzaban la noche rumbo a los siniestros campos de concentración en Polonia y otros países ocupados del Este. Arrastraban vagones de ganado cargados de prisioneros que se mantenían en pie durante todo el viaje, porque si no, no cabían. Los esbirros de Eichmann los metían allí a empujones, hasta ocupar el último centímetro, antes de cerrar la puerta. La travesía era dantesca, y tanto adultos como niños y ancianos se consumían de hambre y de sed, hacinados sobre sus propios excrementos y vómitos, sin acabar de creer lo que les estaba ocurriendo. A veces el tren se detenía sin motivo aparente, en medio del campo yermo o en una fantasmal estación perdida en la noche. Podía permanecer allí durante horas, silencioso, sin que nadie se acercara a ofrecer a los desvalidos ocupantes un poco de agua o un trozo de pan, y menos aún una explicación de dónde estaban, adónde iban, y cuál era su destino. Aunque algunos, quizá la mayoría, se aferraban a la idea de que los llevaban a campos de concentración o de trabajo hasta que terminara la guerra, apenas una parte de ellos «disfrutaría» de esa opción. Y no por mucho tiempo.

Hitler había ordenado el *Vernichtung* («exterminio») de los judíos, y eso significaba que todos debían ser eliminados, desde los recién nacidos a los más ancianos. Todos, sin ninguna distinción. Todos, en todas partes. Todos, lo antes posible. Aparte de su inconcebible crueldad, esa orden representaba un problema logístico y práctico casi insoluble: ¿cómo se podía matar al mismo tiempo a millones de personas en toda Europa? En un principio se fusilaba a los prisioneros poniéndolos en fila desnudos, de pie o de rodillas, de espaldas a una profunda zanja o una trinchera antitanques. El pelotón disparaba, y los cuerpos caían directamente en el foso. Éste se cubría luego con basuras y estiércol pero, según relató el propio Eichmann en el juicio, «saltaban chorros de sangre como géiseres, debido a la presión de los gases corporales de los cadáveres». Heinrich Himmler presenció en una ocasión una de esas ejecuciones, y casi se desmaya ante el dantesco espectáculo. Ordenó a Eichmann que buscara un sistema de eliminación masiva más «humano», no tanto por piedad como para evitar a los pelotones de soldados SS esa desagradable experiencia.

Ya en 1941 los nazis habían utilizado en Polonia camiones blindados para gasear prisioneros con monóxido de carbono. Dos años más tarde Heynrich y Eichmann recuperaron ese antiguo método, utilizando al comienzo camiones itinerantes. Pero los vehículos se empantanaban en los precarios caminos que los llevaban de un campo a otro, sufrían frecuentes fallos mecánicos e incluso se extraviaban en las brumas de la *Mitteleuropa*. Sus reducidas cabinas de gaseo pronto se revelaron insuficientes para atender a la multitud de víctimas concentradas por la Gestapo y las SS. Como hemos visto en el capítulo anterior, unos meses después los camiones fueron reemplazados por amplias cámaras de gas y hornos crematorios, que facilitaron en gran medida la tarea. Se abrieron nuevos campos dedicados exclusivamente al exterminio en masa, o se agregaron las instalaciones necesarias a los campos de concentración existentes. Adolf Eichmann, ascendido a teniente coronel (*Obersturmbannführer*), iba y venía de un campo a otro como un poseso, al punto de que Vera llegó a reprocharle que los niños apenas lo veían. Pero en su fanática obsesión él necesitaba controlarlo todo: los horarios de los trenes, la numeración de los prisioneros, el funcionamiento de las tuberías y llaves del gas, la cantidad de éste usada en cada operación y otros detalles de la muerte cotidiana en los campos. Sus visitas más frecuentes eran a Auschwitz, donde instruyó al comandante Höss en la

Una extraña propuesta

En marzo de 1944 Hitler decidió invadir Hungría. Ese vacilante aliado despertaba sus sospechas, porque ofrecía refugio a los judíos que escapaban de los países vecinos. En Budapest existía incluso una organización, el Comité de Ayuda y Rescate, dedicada precisamente a facilitar la entrada de los fugitivos y su alojamiento provisional. Como era de esperar, Adolf Eichmann fue designado para ocuparse de aplicar la solución final a los judíos húngaros. Pero antes de tomar alguna medida convocó en su despacho a Joel Brand, dirigente del Comité de Ayuda, y le hizo una extraña propuesta: las SS liberarían a un millón de judíos, si los aliados les proporcionaban 10.000 camiones y ciertas mercancías. Este acuerdo debía ofrecerse a Inglaterra y los Estados Unidos, ya que Eichmann se comprometía a que los camiones y provisiones se utilizarían exclusivamente en el frente oriental.

Brand se declaró incapaz de decidir sobre la suerte de un millón de personas, y fue autorizado a viajar al extranjero para entrevistarse con la Agencia Judía y llevar la propuesta a las autoridades aliadas. El 17 de mayo de 1944, el emisario voló hacia Estambul vía Viena, pero la Agencia Judía local no pudo contactar con Jerusalén. Brand se dirigió entonces a Alepo, en la frontera Siria, donde mantuvo una breve entrevista con Moshe Sharrett, responsable político de la Agencia Judía, quien sólo respondió con evasivas. Poco después Brand fue detenido por agentes de la inteligencia británica. Trasladado a El Cairo bajo sospecha de espiar para el enemigo, intentó ser escuchado recurriendo a una huelga de hambre. Su situación llegó a oídos de lord Moyne, ministro residente británico en Oriente Medio, quien rechazó cualquier posibilidad de acuerdo con el enemigo, y declaró: «¿Qué podríamos hacer con ese millón de judíos? ¿Dónde los meteríamos?».

Joel Brand no consiguió regresar a Budapest en el plazo concedido, y de todas formas no tenía ninguna respuesta que ofrecer, ante lo cual Eichmann siguió adelante con su plan de exterminio. Algunos historiadores creen que en realidad al plantear aquel acuerdo cumplía una orden secreta de Himmler, que buscaba una excusa para negociar con los aliados a espaldas de Hitler. Lo cierto es que la desidia de la Agencia Judía y el desinterés del Gobierno británico, llevaron a la muerte a un millón de judíos que quizá pudieron haberse salvado.

ubicación de las cámaras y los hornos crematorios, y comprobó luego su funcionamiento con las primeras tandas de víctimas.

En junio de 1944 llegaron a Auschwitz 381.661 prisioneros de Hungría, más de la mitad de los judíos residentes en ese país. Eichmann se trasladó una vez más a su campo de exterminio favorito, donde supervisó personalmente la eliminación de todos ellos. Al llegar el verano, con los aliados avanzando velozmente en todos los frentes, Hitler quiso saber si se había cumplido la «deseada» solución final. Los soviéticos se encontraban a las puertas de Budapest y Himmler había ordenado que cesaran las deportaciones de judíos húngaros a Polonia. Pero Eichmann, quizá por primera vez en su vida, desobedeció una orden de un superior. Realizó una última redada de 50.000 personas y las obligó a caminar hasta Auschwitz en una mortal travesía de ocho días. Entonces agregó esa cifra al informe que había solicitado el Führer: según sus cuidadosos cálculos, unos 4.000.000 de personas habían muerto de una forma u otra en los campos, y otros 2.000.000 gaseadas en las unidades móviles o fusiladas in situ.

El criminal escurridizo

Alemania firmó su rendición incondicional en mayo de 1945. Eichmann fue detenido por el ejército de Estados Unidos, entre tres millones de prisioneros alemanes. Declaró el nombre falso de Otto Eckmann, y fue enviado al campamento de internación de POW (*Prisoners of War*) en Oberdachstetten, como uno más, sin una acusación especial. Poco después sus crímenes comenzaron a mencionarse en el juicio de Núremberg, y su nombre alcanzó cierta notoriedad. Temeroso de ser descubierto, consiguió escapar de su confinamiento en enero de 1946 para refugiarse en Prien, alojado por un grupo de ex nazis, posible célula de la red clandestina Odessa. Allí obtuvo un nuevo contacto para instalarse en Eversen, un pequeño pueblo cercano a Bremen, en la zona bajo administración británica. En esa localidad trabajó como leñador y en un criadero avícola, mientras activaba las gestiones para su huida de Europa.

Sus antiguos camaradas propiciaron un encuentro con un fraile franciscano ligado al obispo austriaco Alois Hudal, principal responsable en Italia de una red financiada por Caritas para facilitar la fuga de criminales nazis. Por mediación de ese contacto obtuvo un documento falso a nombre de Ricardo Klement, nacido en Bolzano, Italia, en 1913, con el cual pudo acceder a un salvoconducto de la Cruz Roja Internacional y al permiso de embarque

Pasaporte falso de Adolf Eichmann, a nombre de Ricardo Klement.

del Consulado argentino. El supuesto emigrante italiano viajó en la tercera clase del transatlántico *Giovanna C.*, y desembarcó en Buenos Aires el 14 de julio de 1950. Recibido por una de las células nazis que actuaban en ese país, pronto se le consiguió un puesto de «técnico» en la empresa alemana Daimler Benz. Dos años después reunió allí a su familia e inscribió a sus hijos en el Colegio Alemán, con su auténtico apellido. El padre hacía más o menos lo mismo, relegando el alias de Riccardo Klement para trámites administrativos y laborales. Cuando en 1955 nació su cuarto hijo, le puso de nombre Ricardo, quizá en homenaje al fantasmal álter ego que le había per-

Imagen del juicio contra Eichmann, celebrado en Jerusalén, en la línea de los de Núremberg.

mitido seguir disfrutando de una vida libre, y que aquel niño fuera concebido. Adolf Eichmann se sentía seguro y a salvo, pero más allá del océano un país recién nacido se disponía a hacerle pagar por sus crímenes.

Volvamos ahora a 1960. Al llegar a Israel, los agentes del Mossad pusieron a su prisionero en manos de la policía judicial, y luego se esfumaron como correspondía a su oficio (el Mossad sólo reconoció en el año 2005 la autoría de esta operación, atribuida hasta entonces a un «grupo de voluntarios anónimos»). En los días siguientes la noticia de que Adolf Eichmann se encontraba en Israel para ser sometido a juicio, provocó un estallido de entusiasmo en todo el país, y reacciones controvertidas en el extranjero. El secuestro ilegal de una persona en el territorio de un país, con el fin de someterlo a juicio en otro, era una violación flagrante del derecho internacional. Pese a su espantoso prontuario de crímenes, Eichmann no había cometido ningún delito en Israel ni en Argentina, y su detención, traslado, e interrogatorio presentaban una evidente invalidez desde el punto de vista jurídico. Pero a la vez se trataba de un reconocido criminal nazi, con una aberrante implicación en la matanza de 6.000.000 de judíos. Como formalmente Israel quizá no tenía aptitud para juzgarlo, algunos propusieron someterlo a una corte de justicia alemana, o incluso la creación con ese fin de un tribunal internacional.

Pero el Gobierno israelí, presidido por el pionero Ben Gurion, no soltó su presa. Aunque se lo acusó de resentimiento y deseos de venganza, los más destacados analistas e historiadores contemporáneos coinciden en que la obcecación para juzgar allí mismo a Eichmann tuvo dos objetivos esenciales. El primero, recordar a un mundo obsesionado por la guerra fría, que el saldo por la guerra anterior aún no estaba cerrado; y el segundo, advertir a cualquier tentación de resurgimiento neonazi o antisemita, que los judíos ahora tenían un Estado, y con él un ejército, una justicia y unos servicios de inteligencia capaces de defender muy bien a su pueblo.

El juicio a Adolf Eichmann, que tuvo lugar en Jerusalén en 1962 a lo largo de cuatro meses, provocó una gran expectación mundial cubierta por cientos de periodistas y reporteros gráficos. La acusación presentó cargos de crímenes de guerra, crímenes contra el pueblo judío y crímenes contra la humanidad, refrendados por un centenar de testigos que relataron hechos dantescos protagonizados por el acusado. Eichmann basó su defensa en el manido recurso de la «obediencia debida». Declaró que personalmente no sentía una especial animadversión a los judíos, y que se había limitado siempre a cumplir las órdenes que recibía de sus superiores. Enfrentado a una casi segura condena a muerte, reclamó a sus jueces: «¿Por qué yo? ¿Por qué no los policías locales, miles de ellos? Los hubieran fusilado de haberse negado a hacer las redadas de judíos para los campos de exterminio; ¿por qué no condenarlos por evitar ser ejecutados?». Y agregó finalmente: «¿Por qué a mí? ¡Todos mataban a los judíos!».

Sólo una persona, entre todos los presentes, creyó entrever un sentido profundo que envolvía ese torpe alegato. Hanna Arendt, una joven periodista estadounidense de origen judío, que presenciaba el juicio como enviada del *New York Times*, no se plegó a los calificativos que daban a Eichmann sus colegas, tildándolo de «bestia», «monstruo» o «asesino inhumano». En su artículo «La banalidad del mal», Arendt lo describió como un tipo corriente, gris, vulgar, sin otra capacidad que la de someterse para sobrevivir. No se necesitaba más que un poder fuerte y decidido para convertir a ese hombre banal en una horrorosa encarnación del mal.

Este enfoque ha sido acusado de exculpar, en cierta forma, a los autores del más tremendo crimen de genocidio que registra la historia. Sus defensores responden que, por el contrario, Arendt sitúa la culpa dentro de la conciencia de la humanidad, excluyendo las coartadas que acusan a seres inhumanos de gestación demoníaca.

Adolf Eichmann recibió la sentencia que esperaba. Murió ahorcado en la prisión israelí de Ramleh, el 31 de mayo de 1962.

Arriba: Josef Goebbels con su esposa y dos de sus hijos. *En medio y de izquierda a derecha:* Josef Mengele, Rudolf Höss y Josef Kramer. *Abajo:* Adolf Hitler paseando junto a su Alto Estado Mayor.

Segunda parte

Los ejecutores

3

Rudolf Höss
El comandante del campo más atroz

Sabemos que un hombre puede leer a Goethe o a Rilke,
que puede tocar Bach y Schubert al atardecer,
y por la mañana ir a su trabajo cotidiano en Auschwitz.

GEORGE STEINER

En las *Memorias de prisión* escritas por Adolf Eichmann poco antes de su ejecución, éste relata que a comienzos de 1942 hizo una visita de inspección al campo de exterminio de Auschwitz. Su misión era informar a Himmler sobre la eliminación masiva de judíos que se había iniciado en ese *lager* de tétrica fama, como ensayo de la inminente «solución final». He aquí cómo describió Eichmann esa experiencia:

> Höss, el comandante, me dijo que él mataba a los judíos con ácido sulfúrico. Se empapaban filtros redondos de algodón con ese veneno, y se arrojaban dentro de la estancia donde se había agrupado a las víctimas. El ácido era fatal instantáneamente. Luego se quemaban los cadáveres en hornos de hierro instalados al aire libre. Höss me llevó a una zanja muy poco profunda, donde se hacinaban numerosos cuerpos calcinados.

Aun en el estilo burocrático de Eichmann se trasunta el primitivo horror de ese sistema. Al poco tiempo el comandante Höss advirtió que el efecto letal del ácido sulfúrico no era tan instantáneo como escribiría su superior veinte años después. Varios condenados tardaban un tiempo en morir, y algunos tenían que ser rematados de un pistoletazo. Estos inconvenientes retrasaban el ritmo de producción del campo, por lo que Höss

El campo de concentración de Auschwitz.

puso a prueba el gas cianhídrico[1] cuya marca comercial era Zyklon B. El nuevo veneno resultó un éxito, que registró el entusiasta informe del propio comandante de Auschwitz:

> El experimento se llevó a cabo en las celdas de detención del bloque 11. Protegido por una máscara antigas, presencié personalmente la matanza. La muerte llegó al instante, en cuanto se esparció el Zyklon B en el interior de las celdas repletas. Un grito breve y casi suave, y todo había terminado. Debo admitir que ese gaseo trajo alivio a mi mente, porque el exterminio masivo de judíos debía empezar enseguida, y hasta entonces ni Eichmann ni yo estábamos seguros de cómo llevar a cabo esos asesinatos en masa. Sabíamos que debía ser por gas, pero no sabíamos cuál, ni cómo debía ser utilizado. Ahora teníamos el gas apropiado y habíamos establecido el procedimiento para usarlo.

El experimento que describe Höss debe ser el que se realizó en septiembre de 1941, asesinando a 850 prisioneros desnutridos y enfermos. Veamos un testimonio directo en la declaración de Hans Stark, el oficial encargado de registrar las llegadas de trenes con prisioneros a Auschwitz-Birkenau:

1. El ácido cianhídrico, (HCN (aq), llamado también ácido prúsico, es una combinación de cianuro de hidrógeno y agua, que se presenta en forma de gránulos, y se hace gaseosa por contacto con el aire. Su dosis mortal es de 50 g por persona, y produce su efecto mortal en dos o tres minutos, durante los cuales la víctima sufre pérdida de conciencia, dificultad respiratoria y rigidez corporal.

En un gaseo en otoño de 1941 se me ordenó que vertiera Ziklon B en la abertura, porque sólo se había presentado uno de los auxiliares médicos. Durante la operación había que verter el Ziklon B por las dos aberturas de la cámara de gas a la vez. Este gaseo afectaba a un transporte de 200 a 250 judíos, una vez más compuesto por hombres, mujeres y niños.

El Zyklon B venía en forma de gránulos, y al verterlo caía por encima de esa gente. Entonces empezaban a dar gritos terribles, porque de pronto sabían lo que les estaba ocurriendo. No miré por la abertura porque había que cerrarla tan pronto como se vertían los gránulos.

El eficaz método del Zyklon B se extendió a los otros campos de exterminio que las SS pusieron en funcionamiento. La mayoría de las víctimas llegaban desde los numerosos *lager* que los nazis habían distribuido en toda Europa, y muchas pasaban directamente de los trenes a las cámaras de gas, como relata Stark en su declaración. Los infortunados elegidos por Mengele, Heim y otros «científicos» para sus atroces experimentos, duraban un poco más de tiempo. Sólo en Auschwitz-Birkenau, esa masacre a escala industrial se cobró más de 3.000.000 de víctimas, la mayoría en las cámaras de gas, pero también por hambre, enfermedades, disparos, fusilamientos, e incluso quemadas en vida. Ese récord, junto a la premeditada deshumanización y el trato brutal que sufrían los prisioneros, convirtió a Auschwitz en el símbolo paradigmático del dantesco horror del Holocausto.

En atención a sus méritos como iniciador y experto en el uso del Zyklon B, a finales de 1943 Rudolf Höss fue ascendido a *Obersturmbannführer*, y designado inspector jefe de todos los campos de exterminio, como responsable de controlar sus procedimientos y optimizar su eficacia genocida. Un año más tarde un informe de sus superiores expresaba que «es un auténtico pionero en esa área, por sus ideas innovadoras y sus métodos educativos».

El genocida afectuoso y hogareño

Imaginemos a un hombre de poco más de cuarenta años, que vive con su familia en un bonito chalé muy cercano a su lugar de trabajo. Aunque es un técnico especializado, posee cierta formación literaria y a veces, después

Karol Wojtyla y el gas Zyklon B

La denuncia de que en la década de 1940 el joven polaco Karol Wojtyla, después papa Juan Pablo II, vendía Zyklon B a los nazis es uno de los temas más recurrentes en los cotilleos de Internet. Ese presunto traspié juvenil del futuro pontífice se dio a conocer en el libro *Behold a Pale Horse* («contemplar un caballo pálido»), publicado en 1991 por el ex oficial de inteligencia naval Milton William Cooper. Ese autor asegura que Wojtyla trabajaba entonces como técnico y representante comercial de la compañía química IG Farben, y como tal vendía grandes cantidades del Zyklon B que se utilizaba en Auschwitz y otros campos de exterminio. En realidad Cooper no pretende atacar a la persona de Juan Pablo II, sino acusar a la Santa Sede de estar vinculada con el nazismo, y ambas organizaciones dominadas por los Illuminati. Esta secta secreta del siglo XVIII es una de las obsesiones favoritas del autor, lo que junto con su afición a los ovnis y su difusión de los Protocolos de Sión quita toda seriedad histórica a sus afirmaciones.

Es cierto que el joven Wojtyla trabajó en esa época para una empresa química, pero no era la Farben sino la Solvay, que no producía el Zyklon B. También es verdad que el Vaticano de Pío XII tuvo una actitud por lo menos ambigua ante el nazismo y la *Shoah*, aunque entonces Karol Wojtyla aún no había ingresado en la clerecía católica. Los biógrafos canónicos de Juan Pablo II aseguran que, por el contrario, éste apoyó a la Resistencia polaca y ayudó a ocultar a familias judías de la zona. Pero que se sepa, nunca condenó claramente el régimen nazi.

El papa Juan Pablo II, fallecido el 2 de abril de 2005.

de cenar y de acostar a sus hijos, se dedica a componer poemas que alaban el paisaje de los alrededores. Por la mañana desayuna en familia, se interesa por los avances escolares de los niños y comenta novedades domésticas con su esposa. Luego los besa a todos con afecto, antes de marcharse a sus obligaciones. Atraviesa andando el corto trecho que lo separa de las instalaciones donde está su despacho y recibe los primeros informes de sus subordinados.

Ese ejecutivo metódico y burgués, dedicado a su trabajo, su familia y su poesía, en ese orden, era Rudolf Höss, cuya bestial catadura como comandante de Auschwitz-Birkenau describimos en las páginas anteriores. Desde luego su mujer y sus cinco hijos sabían que su hogar se encontraba junto a un gran *lager* en la Polonia ocupada, y no podían ignorar que su esposo y padre dirigía ese tenebroso lugar. Tal vez Höss había conseguido evitar que supieran lo que realmente ocurría allí dentro; o tal vez charlaban animadamente en la mesa de las virtudes del gas Zyklon B y del tráfico de los trenes de la muerte. No podemos saberlo. Ignoramos lo que sabía y sentía la familia Höss, porque ese tema forma parte de un enigma más general sobre el grado de conocimiento que tenía el pueblo alemán respecto al Holocausto.

Rudolf Franz Ferdinand Höss[2] nació el 25 de noviembre del simbólico año 1900, en una familia de la burguesía católica de Baden-Baden, en los bordes de la Selva Negra. Sus padres fueron Francisco Javier Höss y Pauline Speck, tan devotos de esa fe que sus planes para Rudolf consistían en hacerlo sacerdote. El chico no se sentía inclinado a tomar los hábitos, y a los 15 años dejó su casa para alistarse como voluntario en el ejército alemán. En el escenario de la primera guerra mundial, Rudolf fue enviado al frente de Turquía, donde combatió en la batalla de Gallípoli a las órdenes del general Liman von Sanders. Höss recibió la Cruz de Hierro y terminó la contienda con el grado de sargento. Pese a la derrota le había tomado gusto a la milicia, y sabía que si volvía a casa lo enviarían al seminario. Se unió entonces a los *Freikorps*, o ejércitos privados organizados por antiguos jefes y oficiales para defender las fronteras alemanas de una eventual invasión del ejército soviético, al tiempo que realizaban acciones de sabotaje en los territorios limítrofes tomados por los franceses en la cuenca del Ruhr.

2. El apellido alemán Höss se suele escribir como Hoess, desplegando fonéticamente la ö, y también como Höß, utilizando el grafema de la letra griega beta para la doble ese. Este personaje no debe ser confundido con el jerarca nazi Rudolf Hess, del que se trata más adelante en este libro.

Esas bandas por libre fueron uno de los gérmenes del Partido Nazi, que en 1922 el joven Höss ayudó a organizar en Silesia, la región báltica y el Ruhr.

Durante el tiempo que pasó en prisión Rudolf Höss se dedicó a leer, sobre todo poesía, y a escribir unos poemas elementales y ramplones. En otros momentos dejaba correr su fantasía sobre la ascendente carrera que lo esperaba al salir. Sabía que era una especie de héroe entre sus camaradas de los *Freikorps* y el naciente Partido Nazi, por haberse arriesgado a ejecutar al traidor Kadow y pagar esa hazaña con la cárcel. Pero Höss no tenía ambiciones políticas, ni ansiaba ocupar altos cargos. Su único deseo era defender a la raza aria y servir a su patria, «amenazada por los comunistas y los judíos».

Rudolf Höss salió en libertad a mediados de 1927, y en los años siguientes los historiadores le pierden la pista. Probablemente volvió a Baden-Ba-

El caso Kadow

En mayo de 1923 Albert Leo Schlageter colocó una bomba en la línea férrea entre Duisburgo y Dormunt. Su ex camarada Walter Kadow, que se oponía a la acción directa, lo denunció a las autoridades francesas, y Schlageter fue condenado a muerte por un expeditivo tribunal galo. Su ejecución levantó una gran ola de indignación en Alemania, en tanto el atentado había tenido lugar en su territorio y en tiempo de paz.

Kadow se había pasado poco antes al KPD, o Partido Comunista de Alemania, por lo que su delación de Schlageter creó algunos roces entre ambas formaciones. Al ver que finalmente los comunistas se desentendían de la suerte de Kadow, el Partido Nazi lo condenó por traición y decidió ejecutarlo. El responsable de concretar esa condena fue Martin Bormann, quien ordenó a su subalterno Rudolf Höss que llevara a cabo el ajusticiamiento. El futuro comandante de Auschwitz mató fríamente a Kadow en una emboscada, demostrando su eficacia como asesino. Detenido poco después por la policía, fue sentenciado a diez años de prisión, de los que sólo cumplió cuatro. En 1924 se comprobó la complicidad de Bormann, que fue condenado a un año de cárcel. Un detalle sugestivo de este caso es que, de niño, Bormann había sido alumno de Kadow.

den para convencer a sus padres de que se olvidaran de meterlo a cura, y siguió frecuentando a sus amigos y ex camaradas de los disueltos *Freikorps*. En 1933 solicitó su ingreso en la *Totenkopfverband* (agrupación de la Calavera), la sección más negra de las SS, formada principalmente por veteranos de la guerra, participantes en el *Putsch* de Múnich de 1923, y ex miembros de los *Freikorps*. Esta curtida y cruel organización aceptó a Höss en 1934, después de un duro periodo de prueba. Su destino inicial fue Dachau, el primer campo de concentración de Alemania, que había instalado Reinhard Heydrich un año antes. Allí se desempeñó como *Blockführer* o jefe de barraca, mientras iniciaba estudios superiores policíaco-militares en la escuela de las SS. En 1938 se tituló como *Hauptsturmführer SS*, equivalente al grado de capitán, y fue designado segundo comandante en el campo de prisioneros de Sachsenhausen, también uno de los primeros *lager* establecidos por Heydrich. El capitán Höss permaneció en ese campo hasta el 5 de enero de 1940, fecha en que asumió la comandancia de Auschwitz, iniciando la etapa más infame de su tenebrosa carrera.

El comandante de los horrores

La llegada de Rudolf Höss a Auschwitz coincidió con el momento en que Himmler, por orden directa de Hitler, debía poner en marcha la llamada «solución final». Su sicario Heydrich decidió que tres *lager* de Polonia, Auschwitz, Treblinka y Belzec,[3] se dedicarían exclusivamente al exterminio de los judíos de toda Europa. Como sabemos, Eichmann quedó a cargo de organizar y gestionar la compleja red ferroviaria que transportaría a las víctimas. En junio de 1941 el comandante Höss recibió la orden de acondicionar Auschwitz y preparar al personal para la rápida y eficaz ejecución de centenas de miles de seres humanos. Vinieron entonces las dudas, pruebas y fracasos que hemos relatado antes, hasta el «feliz» descubrimiento del gas Zyklon B.

Según la declaración posterior del propio comandante Höss en los juicios de Núremberg, su cálculo personal era que por lo menos 2.500.000

3. En sus declaraciones en Núremberg, Höss mencionó también el inencontrable campo de «Wolzek». Tras prolijas e infructuosas búsquedas en el territorio polaco y en la documentación de las SS, los expertos han descartado la existencia real de Wolzek, y ahora discuten las razones que pudieron llevar a Höss a inventárselo.

Cientos de envases de Zyklon B se amontonan en los campos de exterminio.

prisioneros habían sido exterminados en las cámaras de gas y los hornos durante su mandato de tres años en Auschwitz. A esa cifra hay que agregar unos 500.000 que fueron muriendo por desnutrición y epidemias. El número total de víctimas de Auschwitz entre 1941 y 1943 redondea por tanto los 3.000.000 de personas, entre ellas mas de 100.000 judíos alemanes y el resto provenientes de los guetos y redadas de los países ocupados, como la propia Polonia, Hungría, Checoslovaquia, Francia, Holanda, Bélgica, Grecia y la Italia que se rindió a los aliados en septiembre de 1943. En los dos años siguientes una cantidad similar murió en el propio Auschwitz y en los otros campos de exterminio.

El principal orgullo del comandante de Auschwitz era la inmensa cámara de gas que podía alojar y liquidar a unas 2.000 personas, diez veces más que una de las cámaras de Treblinka. El comandante de ese campo, Franz Stangl, mantenía un amistoso pulso con Höss sobre cuál de los dos conseguía una producción de cadáveres más numerosa en menos tiempo. A diferencia de Treblinka, donde se anunciaba su destino a las aterradas víctimas, en Auschwitz se les decía que iban a recibir una ducha para despiojarlos. Incluso en algún caso se les entregaba una pastilla de jabón y una

Beneficios colaterales

Los verdugos del III Reich no se prestaban a matar en masa a los judíos sólo por un encarnizado odio antisemita, sino también por un considerable beneficio material. En su relato escrito en prisión en Polonia, Rudolf Höss hace una descripción del momento post mórtem en las cámaras de gas:

> Matar a gente en la cámara de la muerte (*sic*) nos tomaba entre tres y cinco minutos, dependiendo de las condiciones climáticas. Sabíamos cuándo habían muerto porque cesaban sus gritos y lamentos. Habitualmente esperábamos una media hora antes de abrir las puertas y retirar los cadáveres. Una vez que estaban todos fuera, nuestros comandos especiales les quitaban los anillos y relojes, y extraían las piezas de oro de sus dentaduras.

toalla raída. Höss no propiciaba ese engaño por motivos humanitarios, sino para evitarse las escenas de pánico o de desesperada resistencia que debía soportar Stangl en Treblinka.

No obstante, no todos los prisioneros eran gaseados apenas llegar. Por lo menos en los primeros años, Mengele y otros médicos del *lager* seleccionaban a los recién llegados y enviaban a los más sanos y fuertes a trabajar como esclavos en las fábricas de armamentos que rodeaban Auschwitz. Según declararía más tarde Rudolf Höss:

> Los niños pequeños eran eliminados invariablemente, ya que por su corta edad no estaban en condiciones de trabajar. Con mucha frecuencia las mujeres intentaban ocultar a sus hijos bajo la ropa, pero por supuesto los descubríamos y los eliminábamos de inmediato.

Esa actitud rígida y despiadada fue el gran mérito que convirtió a Höss en el prototipo del buen comandante de campo de exterminio, y a Auschwitz, en el atroz símbolo de la *Shoah*.

En diciembre de 1943 Höss fue designado director de la Oficina Central de la WVHA *(Wirtschafts-und-Verwaltungshauptamt),* el poderoso centro de administración y contabilidad de las SS. Intercambió su puesto con Arthur Liebehenschel, que pasó a ser el nuevo y algo menos perverso comandante de Auschwitz. A finales del año siguiente la suerte de la guerra estaba prácticamente decidida en favor de los aliados. La posibilidad de una derrota enardeció las ansias criminales del Führer, que ordenó a Himmler apresurar la «solución final», para dejar cumplido su delirio paranoico de eliminar a los judíos de la faz de la tierra. El mayor colectivo pendiente de ejecución eran los 500.000 judíos que Adolf Eichmann había concentrado en Hungría, sin posibilidad de alojarlos ni alimentarlos. Himmler decidió resolver este asunto de forma expeditiva, en lo que bautizó como la Operación Höss.

Rudolf Höss recibió la orden de regresar temporalmente a Auschwitz, y Eichmann la de embarcar vía ferrocarril a sus judíos desde Hungría al *lager* polaco. Incluso para un experto veterano como Höss, el encargo de eliminar medio millón de personas en tiempo récord no resultaba en absoluto sencillo. Trasladó su base de operaciones al contiguo campo complementario de Birkenau, que hizo acondicionar para la matanza. Con excepción de unos pocos seleccionados para actuar como *Sonderkommandos*,[4] todos los prisioneros eran enviados directamente a las cámaras en el momento de llegar.

El 30 de abril de 1945 Adolf Hitler se suicidó en su búnker de Berlín, mientras sus soldaditos de quince años morían en las calles de la ciudad, intentando detener los tanques del ejército soviético. Una semana después, el 8 de mayo, el general Alfred Jodl, jefe del Alto Estado Mayor del ejército alemán, rendía formalmente todas sus unidades ante los aliados.

Para entonces, Rudolf Höss ya había desaparecido de Auschwitz, al parecer vistiendo un uniforme de suboficial de la Marina, y se dirigió hacia el Báltico usando el nombre falso de Franz Lang, de oficio trabajador agrícola. Detenido en un puesto de control de la policía militar soviética, los rusos no encontraron motivo para arrestarlo y lo liberaron poco después. Los ocho meses siguientes los pasó refugiado como agricultor en una granja de Flossenburg, un municipio del norte de Alemania donde casualmente había funcionado un campo de concentración.

Aunque Höss no había regresado a su hogar en Baden-Baden, un día se presentó allí la policía militar británica, quizá acompañando a algún agente

4. Prisioneros que actuaban como capataces y carceleros de los demás. Después de un tiempo de prestar ese vil servicio, la mayoría acababan también en las cámaras de gas.

La horca donde fue ejecutado Rudolf Hoss.

del MI5. Interrogaron a *frau* Höss durante horas, y finalmente la amenazaron con entregarla a ella y a sus hijos a los rusos, que sin duda la fusilarían y enviarían a los niños a Siberia. Agotada y asustada, la mujer terminó revelando la ubicación de la granja donde se ocultaba su esposo. Éste fue detenido ese mismo día, a las 2.30 h de la noche. Al margen del castigo que pudiera corresponderle, fue llevado a Núremberg en calidad de testigo. Sus declaraciones ante el tribunal aliado intentaron ayudar a su antiguo protector Ernst Kaltenbrunner, que no obstante fue condenado a muerte. Höss confirmó, por el contrario, la rapiña de las joyas de las víctimas judías por parte de Oswald Pohl, su antiguo camarada en la WVHA, y denunció a los directivos de la empresa química IG Farben, fabricante del gas Zyklon B.

En mayo de 1946 Höss fue entregado a Polonia, el país donde había cometido sus crímenes, cuyas autoridades disponían de numerosas pruebas y testimonios de su despiadada actuación como comandante de Auschwitz-Birkenau. El 2 de abril del año siguiente el Tribunal Supremo de Polonia, presidido por el juez Alfred Eimer, lo condenó a morir en la horca. La ejecución tuvo lugar en el ya vacío y desolado *lager* de Auschwitz, en el que quizá resonaron de nuevo para él los gritos agonizantes de sus víctimas.

Auschwitz: el tétrico símbolo del Holocausto

Después de Auschwitz, no es posible escribir poesía.

THEODOR ADORNO, filósofo alemán

El solo nombre de Auschwitz simboliza todo el horror del Holocausto. No es necesario enumerar las redadas masivas, los guetos arrasados, los trenes de la muerte, las condiciones infrahumanas de las barracas, los monstruosos experimentos genéticos, las cámaras de gas, los hornos crematorios, las fosas de cadáveres o los famélicos supervivientes. Basta con nombrar Auschwitz y todo eso acude de inmediato a la mente del lector o el interlocutor. No ocurre igual con otros campos de exterminio, como por ejemplo Treblinka, o con sucesos emblemáticos del racismo nazi, como la «noche de los cristales rotos». Sus nombres refieren a sí mismos, a su particular cuota de horror, pero no a la totalidad del genocidio sistemático perpetrado por el III Reich.

Filósofos, historiadores, y pensadores han escrito libros, estudios y artículos sobre «después de Auschwitz», expresión que a veces forma parte del título de esos trabajos sobre las implicaciones del Holocausto en el presente y futuro de la humanidad. ¿Por qué escogieron como paradigma Auschwitz, y no Treblinka o la *Kristallnacht*? Quizá porque ese nombre se había filtrado a las comunidades judías amenazadas, y en las redadas y en los trenes de la muerte lo susurraban entre sí, por ser el único que conocían. Tal vez porque fue el primer campo liberado por el ejército ruso el 27 de enero de 1945, cuando se reveló al mundo su horrible cometido. O porque sólo dos años después uno de los supervivientes, el italiano Primo Levi, publicó *Si esto es un hombre*, testimonio en el que narraba con espantosos detalles su experiencia en el *lager* de Auschwitz.

Un viejo cuartel abandonado

Cuando en 1939 los nazis ocuparon la ciudad polaca de Oswiecim, en Silesia, le cambiaron el nombre por el de Auschwitz. Como era su costumbre, las Waffen-SS iniciaron en toda Polonia una redada de «elementos indeseables», que incluía políticos, altos cargos, intelectuales, periodistas y por supuesto, comunistas. Las cárceles de Varsovia, de Cracovia y de Lodz se abarrotaron de esos detenidos sin juicio, y ya a finales de aquel año los mandos invasores comenzaron a pensar en habilitar una prisión especial para ellos. Una comisión creada al efecto encontró un solitario cuartel abandonado en las afueras de Auschwitz, que podía ser fácilmente aislado y ampliado si fuera necesario. Otro factor que apreció la comisión ad hoc fue que Oswiecim era un importante nudo ferroviario de la Europa del Este, que resultaría fundamental para el traslado de prisioneros durante la solución final. Pero en el momento de su creación en 1940 el campo de

Imagen de la entrada principal del campo de exterminio de Auschwitz, y las vías del tren que conducen directamente al recinto.

Auschwitz no estaba destinado a los judíos, sino a aquellos opositores que desbordaban las cárceles comunes.

La estrategia inicial de Hitler respecto a los judíos europeos era desplazarlos por la fuerza hacia el Este, liberando a Alemania de su presencia. Junto con otra raza inferior, los eslavos, trabajarían más o menos esclavizados para proveer a las necesidades de la raza superior germánica. Para que ese plan funcionara era imprescindible conquistar Rusia, en cuyo amplio territorio se asentaría a la mayor parte de los judíos deportados. Pero después de un avance inicial devastador, el frente oriental presentó una seria resistencia al avance alemán. Mientras tanto las SS de Polonia habían encerrado a los judíos en guetos urbanos, asolados por el hambre, el hacinamiento y las enfermedades infecciosas, que a menudo contagiaban a sus guardianes. Se decidió entonces enviarlos en masa a Auschwitz, que tampoco tenía capacidad suficiente, pero al menos quedaba lejos.

En 1940 los nazis mantenían centenas de campos de concentración repartidos por toda Europa y atiborrados de judíos en ínfimas condiciones de subsistencia, aparte de los hacinados en los míseros guetos de las ciudades. Hitler decidió que ya estaba harto de la «cuestión judía» y que, como no era posible deportarlos al Este, la solución sería exterminarlos. Es en ese momento cuando Auschwitz, con el campo anexo de Birkenau y bajo la conducción del comandante Rudolf Höss, se convierte en el epicentro de la masacre genocida. Los dantescos pormenores de ese proceso se han explicado ya en el capítulo anterior de este libro.

Ojos que no ven...

Ya en diciembre de 1942, el Gobierno polaco en el exilio denunció en Londres la existencia en su país de campos de exterminio, sin obtener reacción alguna de las autoridades aliadas. En 1944 los servicios de inteligencia británicos recibieron el dato de que en la localidad polaca de Oswiecim funcionaba una refinería de las SS que fabricaba combustible líquido a partir del carbón. El 31 de mayo de ese año un avión espía de reconocimiento fotográfico despegó del aeropuerto de Brindisi, en el sur de Italia, para comprobar la existencia de esa instalación. Recorrió más de mil kilómetros hasta sobrevolar su objetivo y filmarlo desde 9.000 m de altitud. Por un descuido de la tripulación la cámara siguió funcionando, y registró por primera vez una vista aérea de Auschwitz-Birkenau. Intrigados por conocer la

Verja de entrada a uno de los campos de Auschwitz-Birkenau. En la parte superior se puede leer «Arbeit Macht Frei» (el trabajo nos hace libres).

¿Cuántas víctimas murieron en Auschwitz?

Desde la liberación de Auschwitz-Birkenau hace casi 65 años, el número de seres humanos asesinados en ambos campos ha sido tema de controversia. Desde los quizá exagerados 3.000.000 que calculó Rudolf Höss en Núremberg, hasta las ínfimas cifras que admiten algunos negacionistas, se han barajado una serie de cantidades, basadas casi siempre en datos parciales o sin una distinción clara respecto a los otros campos. La página web oficial de Polonia ofrece los siguientes datos, actualizados según recientes estudios rigurosos y objetivos: el total de judíos ejecutados en Auschwitz sería 1.060.287, de los cuales 438.000 eran húngaros, 300.000 polacos, 69.114 franceses, 60.085 holandeses, 55.000 griegos sefardíes, 46.099 bohemios y moravos, 26.661 eslovacos, 24.906 belgas, 23.000 alemanes y austriacos, 10.000 yugoslavos, y 7.422 italianos. A estas cifras se agregan otras 100.000 víctimas no judías, entre prisioneros políticos (70.000), gitanos (20.000), prisioneros de guerra soviéticos (10.000), un número indeterminado de homosexuales y testigos de Jehová (que se negaban a obedecer al Reich antes que a la Ley de Dios) y, como expresa la fuente citada, «una larga lista de personas que fueron enviadas allí por las más variopintas razones, o sin razón alguna».

Campo de concentración nazi liberado por las tropas aliadas.

función de esas borrosas barracas, el 25 de agosto los pilotos se arriesgaron a filmarlas de nuevo en un vuelo a baja altura.

Al revelar la película se vio con bastante claridad un tren detenido y una hilera de recién llegados que iban entrando a un crematorio, cuyas chimeneas expelían un denso humo oscuro. Cuando todo el material se envió a Londres, los expertos de la inteligencia británica se concentraron en estudiar los detalles de la refinería, sin prestar atención a los históricos fotogramas que tenían ante sus ojos. En el siguiente mes de julio fueron rescatados cinco internos milagrosamente fugados de Auschwitz. Sus declaraciones confirmaron que ese campo era la parada final de los trenes que partían de toda Europa cargados de judíos, cuyo destino era morir en las cámaras de gas. Pero por alguna razón los gobiernos de los países aliados, por entonces a un paso de la victoria, no movieron un dedo para intentar salvar aquellas vidas. Finalmente fueron los rusos quienes entraron en Auschwitz, pero demasiado tarde para hacer algo más que rescatar a un puñado de famélicos supervivientes.

4

Franz Stangl
El asesino despiadado
de Treblinka

No puedo hablar de esto contigo, es mi trabajo.
Pero si algo malo ocurre en el campo,
yo no tengo nada que ver con eso.

FRANZ STANGL

La cita que encabeza estas líneas es la respuesta que dio a una pregunta de su esposa el *Obersturmführer* Franz Paul Stangl, comandante de los campos de exterminio de Sobibor y Treblinka, responsable de la matanza de casi un millón de judíos. El mismo personaje declaró años después que él no era antisemita ni odiaba a sus víctimas. «No me era posible odiarlos —explicó en 1971 a la periodista austriaca Gitta Sereny—; no los veía como individuos. Formaban siempre una masa densa; apretujados, trotando, desnudos, conducidos a latigazos..., eran tan mansos que soportaban todo lo que se les hiciera. No parecían seres como nosotros, no había posibilidad de comunicación, y por eso acabamos despreciándolos. Nunca pude comprender que fueran a la muerte como lo hacían.»

Franz Stangl en la prisión, poco antes de su muerte en 1971.

El criminal nazi hizo estas declaraciones en la prisión de Düsseldorf, donde se encontraba recluido de por vida. Moriría poco después en su celda, a causa de un fallo cardiaco, el 28 de junio de 1971. Un final más piadoso que el que había infligido a los 900.000 hombres, mujeres y niños que envió a la muerte, con la misma indiferencia que mostraba en aquella entrevista.

El niño que no amaba a su padre

Franz Stangl nació el 26 de marzo de 1908 en Altmünster (Austria), y no tuvo una infancia fácil. Su padre, un tosco vigilante nocturno, solía propinarle violentas y humillantes palizas cuando regresaba a casa borracho. El chico se refugiaba en su afición a tocar la cítara y recorrer los escaparates de las tiendas de paños, para admirar los diversos tejidos. En opinión del señor Stangl, su hijo tenía esos gustos porque era débil y afeminado, defectos que sólo podían curarse a golpes. Más tarde Franz confesaría que sentía una ambigua atracción por el uniforme que vestía su padre, que para él significaba tanto la violencia irracional como la autoridad y el poder sin límites. El pequeño Franz temía y odiaba a su progenitor, pero también es posible que en el fondo deseara parecerse a él; poseer la fuerza y el dominio que le permitían imponerse, y también la casaca y la porra que simbolizaban ese poderío.

El conflicto entre padre e hijo no duró demasiado, pues el señor Stangl murió súbitamente en 1916, cuando el niño contaba ocho años. Liberado de la violencia paterna, Franz creció cultivando sus aficiones artísticas: comenzó a estudiar seriamente la cítara, y en poco tiempo pudo dar a su vez lecciones de ese instrumento para mantenerse. Con 18 años ingresó en una escuela de oficios para dar cauce a su otra pasión: la confección de telas y paños, y en 1930 se tituló como técnico textil. Pero entonces reapareció su oscura inclinación por el autoritarismo y el poder, que lo llevó a matricularse en la escuela de policía. Según explicó entonces el joven Franz en una carta a su madre, ser policía le daba seguridad, y podría llevar un uniforme limpio y elegante (alusión sin duda al desastrado y mugriento uniforme de su padre).

Un pionero del nazismo

Franz Stangl egresó de la escuela policial en 1935, y fue destinado a la pequeña ciudad austriaca de Wels, situada entre Viena y Múnich, donde trabajó en el Departamento de Investigación Criminal de la Policía Política.

Entrada de la policía alemana en Imst (Austria) durante la *Anschluss*, en marzo de 1938.

Entre sus tareas se contaba la vigilancia del Partido Nazi, que entonces aún era una organización clandestina en Austria. Stangl simpatizó con algunos de los militantes y se sintió atraído por las ideas racistas y los métodos autoritarios que proponían. En poco tiempo no sólo se afilió secretamente, renunciando por escrito a la fe católica, sino que aportó parte de su salario para sufragar las actividades subversivas del partido. Mucho más tarde, durante su juicio en 1970 por un tribunal de la República Federal de Alemania, declararía que había sido forzado a afiliarse después del *Anschluss* y que no conocía el destino de sus donaciones.

Fue precisamente el *Anschluss* lo que impulsó un meteórico ascenso de Franz Stangl en el aparato nacionalsocialista. La anexión de Austria al III Reich motivó una arrasadora limpieza de numerosos jefes policiales no afectos al régimen nazi. Stangl, que se había arriesgado a ingresar en el partido cuando éste era un grupo clandestino bajo un gobierno hostil, y además había contribuido a su mantenimiento económico, tenía todos los puntos para subir rápidamente los escalones de los puestos vacantes. Lo hizo con tal eficacia y falta de escrúpulos que, en 1940, el propio Himmler lo designó como superintendente del Programa T-4 en el Instituto de Eutanasia instalado en el bonito castillo danubiano de Hartheim, en Alkoven, cerca de la ciudad austriaca de Linz. Este programa era una especie de anticipo de la *Shoah*, en el que se asesinaba metódicamente a discapacitados físicos y mentales, sin que lo supieran sus familias, con el fin de «limpiar» genéticamente la raza germánica. Allí Stangl coincidió por primera vez con el responsable de ese plan criminal, Christian Wirth, al que volvería a encontrar dos años después en Treblinka.

La Operación Reinhardt

El 13 de octubre de 1941 el jefe SS Odilo Globocnik recibió una orden secreta del *Reichsführer* Heinrich Himmler, en la que se le ordenaba iniciar de inmediato la construcción del campo de exterminio de Belzec, en la llamada Gobernación General de Polonia. Esa orden, como se ha explicado antes, marcó el comienzo de un programa destinado al exterminio sistemático y masivo de judíos, gitanos, homosexuales y opositores en Polonia, Checoslovaquia, Alemania, Austria y otros países europeos ocupados. Esta suerte de ensayo o prolegómeno de la solución final recibió el nombre en clave de Operación Reinhardt, se cree que en un tétrico homenaje al jerarca SS Reinhard Heydrich, recientemente asesinado en Praga (el agregado de la te final ha motivado que algunos expertos duden sobre esa honra póstuma).

Apenas Belzec había iniciado su siniestra actividad, se le agregaron los campos de Sobibor y Treblinka, destinados asimismo a la Operación Reinhardt. Globocnik había encomendado la comandancia de Belzec a Christian Wirth, y por recomendación de éste designó a Stangl para dirigir el campo de exterminio de Sobibor. En sus declaraciones durante el juicio, Stangl aseguró que Globocnik lo había engañado sobre la verdadera finalidad del campo, y que él descubrió la cámara de gas por casualidad en un paseo por el bosque cercano al *lager*. Esta versión puede ser verosímil, en tanto los nazis deseaban mantener en absoluto secreto la Operación Reinhardt, cuyos detalles conocían unos pocos jerarcas. Pero resulta difícil creer que el comandante de uno de los campos no supiera que allí se estaba exterminando cada día a miles de personas.

A causa del secretismo que rodeaba toda la operación, en Sobibor se intentaba disimular la existencia del campo, y sobre todo su función genocida. Las atalayas de vigilancia, las alambradas y la empalizada de madera que lo rodeaban estaban camufladas con ramas de coníferas, y el sendero que llevaba a las víctimas a la muerte se ocultaba entre un tupido matorral. El área de exterminio era un claro abierto en el bosque, donde se encontraban las cámaras de gas, con las zanjas para arrojar los cadáveres o, desde finales de 1942, los hornos crematorios. El comandante, el personal de las SS y los *Sonderkommando* se alojaban fuera de esa zona, en instalaciones del campo de trabajo anexo de Trawniki. Stangl llegó a Sobibor en marzo de 1942, en mayo todo el complejo se destinó exclusivamente al exterminio y él se mantuvo en la comandancia hasta septiembre. En esa fecha fue trasladado a Treblinka, como subcomandante de su amigo Wirth, y se llevó consigo a su fiel compinche, el sargento mayor de las SS Gustav Wagner.

Durante su estada en Treblinka el subcomandante Stangl comenzó a beber demasiado, y su talante se volvió más arbitrario y violento. Se supone que fue entonces cuando, influido por Wirth y Wagner, llegó a considerar a los judíos como mercancías de desecho o ganado para llevar al matadero. En julio de 1942 había ordenado el primer gaseo de un grupo de prisioneros llegados de Varsovia, y en los catorce meses siguientes llevó a la muerte a la increíble cifra de 900.000 personas. Quizás eso le valió la distinción del Gobierno General nazi como «el mejor comandante de campo en Polonia». Su suerte se torció en septiembre del año siguiente, cuando estalló un levantamiento de los internos de Treblinka, que incendiaron buena parte de las instalaciones y consiguieron la fuga de más de medio centenar de ellos. Franz Stangl no fue castigado por ese suceso, pero Odilo Globocnik lo retiró de Treblinka y se lo llevó consigo a Trieste, para dirigir el campo de San Sabba.

En el otoño de 1943 la República de Saló, Estado títere de los nazis en la Italia septentrional y último refugio de Mussolini cuando ya los aliados habían conquistado la mitad sur de la península, cedió a Alemania los territorios fronterizos con ese país en el otoño de 1943. Entre ellos la región de Trieste, donde ya Globocnik y Wirth arrestaban a centenares de judíos y sospechosos de colaborar con la Resistencia armada, mientras intentaban detener el exitoso avance del ejército partisano yugoslavo. Para alojar a esos prisioneros adaptaron como prisión el antiguo edificio de la Risiera di San Sabba, un gran molino de arroz situado en un pequeño pueblo de las cercanías de Trieste. Franz Stangl llegó para hacerse cargo de ese improvisado campo de concentración, el único que tuvieron los nazis en Italia. Su misión era seleccionar y distribuir a los detenidos, que en su mayor parte eran enviados a los campos de exterminio de Auschwitz, Buchenwald y Dachau.

El dinero de los desnudos

Franz Stangl y sus camaradas utilizaban un sistema ingenioso para apoderarse del dinero y las pertenencias valiosas de sus víctimas. Cuando los prisioneros llegaban al campo, se los hacía formar en fila y se solicitaba una donación voluntaria al III Reich. Algunos decidían hacerla, pensando que así escaparían a la muerte. En ese caso la suma y el nombre del donante se registraban en un recibo oficial, y el dinero se enviaba puntualmente al Reichsbank. De esta forma se cubría el trámite oficial, para evitar sospechas. Luego se ordenaba que todos se desnudaran por completo, incluyendo relojes, anillos, collares y otras joyas que llevaran encima, y se los dirigía directamente a la cámara de exterminio. Mientras tanto, los *Sonderkommando* registraban las maletas, bolsos, ropas y zapatos que habían quedado en el suelo, en busca de dinero u objetos de valor que entregaban al comandante o al oficial de guardia.

Se calcula que por este método se obtuvieron en forma subrepticia unos 178 millones de marcos alemanes de la época (550 millones de euros actuales), robados a los dos millones de judíos sacrificados en la Operación Reinhardt.

Se calcula que en total Stangl mandó a la muerte a unas 25.000 personas, aparte de entre 3.000 y 5.000 que asesinó por sí mismo en San Sabba.

El IX Cuerpo de División del ejército partisano yugoslavo llegó a las puertas de la ciudad de Trieste el 29 de abril de 1944. Wirth había muerto en combate en abril, Globocnik se esfumó velozmente y Stangl, tras destruir algunas pruebas de lo ocurrido en San Sabba, huyó junto con su inseparable sargento Wagner. No fueron muy lejos antes de que los detuviera el ejército de ocupación de los Estados Unidos. Ambos criminales de guerra fueron juzgados en Austria en 1947 por su complicidad en el programa de eutanasia, y recluidos en una cárcel abierta de Linz para presos comunes. Un día Franz Stangl y su feroz escudero salieron de aquella prisión andando tranquilamente y no pararon hasta llegar a Italia. En Roma tomaron contacto con el nefasto obispo Alois Hudal, que les entregó un pasaporte de la Cruz Roja y los embarcó en dirección a Siria.

Pero a finales de ese mismo año estalló un escándalo sobre las actividades pronazis de Hudal, y la justicia inició una investigación sobre las *ratlines*[1] organizadas por el prelado. Como precaución, Stangl trajo a su mujer e hijos a Damasco, donde trabajó en su antiguo oficio de técnico textil. Hudal renunció a todos sus cargos en 1951 y Stangl, temiendo que Siria no fuera ya un lugar tan seguro, escapó con su familia a Brasil ese mismo año.

La red de refugiados nazis que lo recibió en São Paulo, se llamara o no Odessa, le proporcionó varios trabajos puntuales que le permitieron mantenerse. Después de un tiempo y por el mismo medio, obtuvo un contacto con la empresa alemana de automóviles Volkswagen, que le dio un empleo fijo en su factoría de San Bernardo do Campo. En esa localidad vivió y trabajó durante casi una década, sin ser nunca molestado en razón de su pasado, pese a que el Gobierno austriaco conocía perfectamente su prontuario y su nombre figuraba en la lista de criminales de guerra más buscados. Por fin en 1961 se expidió la solicitud de extradición. Franz Stangl se había registrado con su nombre y domicilio reales en el Consulado de Austria en São Paulo, pero cinco años después la policía brasileña aún no lo había encontrado. Este absurdo fallo puede tener dos explicaciones: o los investigadores locales no pensaron en dirigirse al Consulado, o éste ocultó deliberadamente los datos que poseía sobre Stangl. Por uno u otro motivo la búsqueda del criminal de guerra quedó estancada, y tanto las autoridades de Austria como las de Brasil parecieron olvidarse del asunto.

Pero había alguien que tenía buena memoria, y un listado muy completo de los responsables del Holocausto que permanecían fugitivos. Simon Wiesenthal, el infatigable cazador de nazis, no había dejado de buscar a Stangl, aunque con escaso éxito. En 1967 un ex yerno del asesino de Sobibor y Treblinka, quizá por resentimiento hacia su antiguo suegro o para evitarse problemas con la justicia, reveló a Wiesenthal dónde se refugiaba Stangl. El investigador privado transmitió ese dato a los gobiernos implicados, y la policía federal brasileña arrestó al fugitivo. Extraditado a Alemania, fue juzgado y condenado a prisión perpetua el 22 de octubre de 1970. Murió en la cárcel ocho meses después, el 22 de junio de 1971.

1. *Ratline*, en inglés «itinerario de ratas», fue el nombre despectivo que se dio a la red de escape de los fugitivos nazis fuera del territorio europeo, organizada presuntamente por Odessa.

Rebelión en el campo de Treblinka

> En los días posteriores a nuestra llegada a Treblinka, las SS asesinaban a entre 15 y 18.000 personas por día.
>
> RICHARD GLAZAR,
> superviviente huido de Treblinka

El 2 de agosto de 1946, después del mediodía, una veintena de oficiales de las SS y guardias ucranianos salieron de Treblinka para tomar un baño en el cercano río Bug. Su ausencia redujo sensiblemente el personal dedicado a vigilancia de los internos, que aprovecharon ese momento para concretar el levantamiento que venían preparando desde tiempo atrás. Poco antes de las cuatro de la tarde el líder de los rebeldes, Zelo Bloch, dio la orden de iniciar la operación. Los conjurados consiguieron abrir la puerta del arsenal, y se apoderaron de varios fusiles y unas cuantas granadas. Uno de ellos vio salir de una barraca a un oficial SS llamado Kuttner, y lo mató de un disparo. Siguió la explosión de varias granadas y el estallido del gran depósito de gasolina instalado junto al garaje.

En pocos minutos todo Treblinka estaba ardiendo, y la sorpresa y el humo impedían la reacción de los guardias. Cayeron las puertas, y un gran número de prisioneros escapó hacia los bosques cercanos. Pero aquellos hombres estaban debilitados, desconocían totalmente el terreno, y en la prisa por escapar no habían cortado los cables telefónicos. Apenas pudo reaccionar, Stangl llamó para pedir refuerzos, a los que les resultó fácil atrapar a casi todos los fugitivos extraviados. Sin embargo 52 de ellos lograron eludir las batidas y escapar, y pudieron informar a los mandos aliados y los países neutrales de la existencia de los campos de exterminio masivo.

El oficial checo y sus compañeros

La idea de rebelarse rondaba ya por las barracas de Treblinka cuando llegó al campo Zelo Bloch, un prisionero judío que había sido oficial del ejército checoslovaco. Varios paisanos suyos formaban uno de los grupos de trabajo esclavizado, y estaban bastante decididos a intentar una fuga. Bloch se ocupó de planear y organizar el levantamiento, así como de comandar la operación sobre el terreno. Otro protagonista destacado fue el judío checo

Documento de identificación de Richard Glazar.

Richard Glazar, que junto a su amigo Karel Unger pasó ocho horas casi sumergido en las aguas lodosas de un charcal, para evitar ser descubierto por los feroces perros rastreadores de las SS. Ambos lograron salvarse, y Glazer escribió más tarde un libro sobre su experiencia en Treblinka. En ese texto recuerda a su paisano Standa Lichtblau, que sin tomar ninguna precaución hizo saltar por los aires el garaje del campo, provocando su propia muerte; o al prisionero encargado de rociar las barracas con desinfectante, que aquel día las bañó con el queroseno cuya combustión facilitó el incendio.

El levantamiento de Treblinka no fue el único ocurrido en los campos, pero su importancia reside en haber sucedido en 1943 y en conseguir la fuga de esos 52 prisioneros que testimoniaron el horror del Holocausto, que en ese momento la gente desconocía y algunos gobiernos fingían ignorar.

5

Gustav Wagner
El brutal torturador de Sobibor

> Yo no tenía sentimientos..., era sólo una tarea más. Por la tarde bebíamos y jugábamos a las cartas, pero nunca hablábamos de nuestro trabajo.
>
> GUSTAV WAGNER, entrevista de la BBC (1979)

Según varios testimonios, el suboficial mayor Gustav Wagner solía descuartizar un bebé vivo con sus propias manos. Leal ayudante del comandante Stangl en Sobibor, fue sin duda el más brutal de los torturadores y verdugos del III Reich. Nacido en Viena en 1911, ingresó en el Partido Nacional Socialista y en los rangos inferiores de las SS, destinado como guardia en el Programa de Eutanasia de Hartheim, donde conoció a Stangl. En 1942 ambos pasaron a Sobibor, donde Wagner disparaba con pistola a cualquier prisionero por cualquier causa, y también sin causa alguna. Fue a partir de entonces cuando su destino quedó unido al de Stangl, con quien estableció una desigual pero perdurable amistad.

En su visita a Sobibor el 12 de febrero de 1943, Heinrich Himmler firmó la promoción de Wagner a *Oberscharführer*, o sea suboficial principal. En octubre de 1943 Stangl lo llevó consigo a Treblinka, y luego a San Sabba, para participar en la represión de los guerrilleros judíos armados e intentar detener a los partisanos yugoslavos. Después de la guerra fue condenado en ausencia por uno de los tribunales de Núremberg, por los espeluznantes testimonios sobre su brutalidad con los prisioneros de los *lager*. Pero como sabemos, el obispo Hudal facilitó su fuga a Siria y en 1951 Wagner consiguió huir con Stangl a Brasil, donde obtuvo la residencia permanente bajo el seudónimo de Günther Mendel. Casi treinta años después, el 30 mayo de 1978, fue detenido tras las insistentes denuncias de Simon Wiesenthal a las autoridades. No obstante, el fiscal general de Brasil rechazó las peticiones

El campo de Sobibor, en la región de Lublin, estaba situado en el límite de un bosque de pinos poco denso.

de extradición por parte de Israel, Austria y Polonia. Una solicitud en el mismo sentido de la República Federal Alemana llegó a la Corte Suprema brasileña, que la denegó el 22 de junio de 1979.

En octubre de 1980 el cadáver de Gustav Wagner fue encontrado en su habitación de São Paulo, con un cuchillo clavado en el pecho. Su abogado declaró que se trataba de un suicidio, y la policía y el juez aceptaron esa versión. Pero varios expertos dudaron de que el criminal nazi se quitara la vida en forma tan poco usual, y expresaron sus sospechas sobre un posible vengador desconocido.

6

Klaus Barbie
El carnicero de Lyon

Yo cumplí con mi deber y ya he olvidado.
Si los franceses no han olvidado, es su problema.

KLAUS BARBIE (en 1982)

—Usted nos sería más útil como espía que como prisionero.

El oficial americano dijo esto de pie, con cara de póquer, en la que acabó dibujándose una levísima sonrisa. El oficial alemán de las SS sonrió a su vez, repantigándose en su silla del cuarto de interrogatorios.

—¿Me está ofreciendo usted un empleo, capitán? —preguntó, expresando más interés que sorpresa.

La escena transcurría en el mes de abril de 1947, cuando estaba en su apogeo la Operación Paperclip, por la que los estadounidenses disputaban con la Unión Soviética la captación de «talentos nazis» que podrían serles muy útiles en la inminente guerra fría. Fue así como Klaus Barbie, prisionero de guerra con una reconocida hoja de servicios en el espionaje del III Reich, fue contratado por el Cuerpo de Contrainteligencia del Ejército de los Estados Unidos en Alemania. Durante los cuatro años siguientes el espía converso ascendió en el escalafón del espionaje americano con una serie de acciones brillantes. Entre ellas, desmontar una red comunista que conspiraba contra la ocupación de Alemania por los estadounidenses y británicos; y una serie de valiosos informes sobre las intenciones de los soviéticos en los países del Este de Europa.

A mediados de 1949 los investigadores de crímenes de guerra de la inteligencia francesa descubrieron que Klaus Barbie, el tristemente célebre «Carnicero de Lyon», estaba en Europa prestando servicios en el contraespionaje americano. Se trataba de uno de los criminales de guerra fugitivos más buscados en todo el mundo, y el responsable de las mayores crueldades en la Francia ocupada por los nazis. El Gobierno de París reclamó la entrega de Barbie para ser sometido a juicio, pero el ex nazi sabía demasiado y los Estados Unidos recelaban de la información secreta que podía revelar a los franceses. La CIA utilizó entonces su contacto con un sacerdote croata, colaborador del obispo Alois Hudal, que les ofreció la ayuda de una *ratline* vinculada al Vaticano. Por este medio, el agente Barbie llegó a Génova, y embarcó en un buque italiano rumbo a Buenos Aires.

Una guarida en Bolivia

La red de refugiados nazis en Argentina no recibió del todo bien la llegada de Klaus Barbie, quizá porque había arribado del brazo de la CIA. Lo cierto es que su estancia en Buenos Aires fue breve, y en 1952 se trasladó a Bolivia, donde debía indagar datos sobre el MNR (Movimiento Nacionalista Revolucionario), que acababa de encumbrar al presidente Víctor Paz Estenssoro. Con documentos falsos a nombre de Klaus Altmann, un mecánico alemán fallecido, Barbie vivió oscuramente en La Paz durante varios años, mirando desde la barrera los avatares de la política boliviana. Sin duda mantenía su relación con los servicios de espionaje norteamericanos, como agente «dormido» a la espera de los acontecimientos. Llegó un momento en que el incumplimiento de sus promesas por parte del Gobierno del MNR, junto a la caída de los precios del estaño, produjo huelgas mineras y protestas estudiantiles. El general René Barrientos, vicepresidente y amigo personal de Estenssoro, lo desplazó del poder en 1964 iniciando casi dos décadas de gobiernos militares.

Los generales bolivianos conocían, por sus relaciones con la CIA, los antecedentes de Barbie-Altmann como espía de la inteligencia militar americana. Es probable que también supieran de los crímenes masivos que había cometido en Francia, por los que figuraba en las listas de fugitivos nazis más buscados. Por si no lo sabían, en 1966 Klaus Barbie se permitió montar un escándalo y ser expulsado del Club Alemán de La Paz, por gritar *¡Heil Hitler!* haciendo el saludo nazi en presencia del embajador de la República Federal de Alemania. Pero los militares nacionalistas latinoamericanos no perseguían a los nazis, sino que les ofrecían guaridas confortables en sus países. En cuanto llegaron al poder buscaron utilizar la experiencia del doble espía alemán, designándolo asesor de la Policía Secreta de Seguridad, inspirada en la Gestapo. Algunas investigaciones recientes demuestran que Barbie actuó también como consejero del ejército boliviano, asesorando la operación que llevó a la captura y ejecución del Che Guevara en octubre de 1967.

En la década de 1970, con el Gobierno del general Hugo Banzer, Klaus Barbie tomó parte activa en las operaciones de narcotráfico orquestadas en

«El enemigo de mi enemigo»

Un documental británico reveló en 2007 la participación activa de Klaus Barbie en la muerte del Che Guevara. El filme se titula *My Enemy's Enemy* (el enemigo de mi enemigo), y su director, Kevin Macdonald, es un reconocido cineasta, que en 1999 obtuvo un Oscar por *Un día de septiembre*, sobre la matanza de los atletas israelíes en los Juegos de Múnich. Avalado por otros filmes excelentes como *Tocando el vacío* (2003) o *El último rey de Escocia* (2006), Macdonald traza en su documental una eficaz reseña de los avatares del Carnicero de Lyon, centrándose luego en sus actividades en Bolivia.

Uno de los testigos entrevistados por Macdonald, el periodista Karl Hermann, asegura sin ambages que «Altmann (Barbie) siempre dijo que había sido él quien ideó la estrategia para atrapar al Che Guevara». Por su parte Álvaro de Castro, que fue amigo personal de Barbie durante años, declara en la película que éste se reunió en 1966, cuando el Che llegó a Bolivia, con el mayor Shelton, oficial de inteligencia que comandaba la unidad estadounidense encargada de perseguirlo y atraparlo. «Sin duda Klaus lo aconsejó sobre la lucha antiguerrilla —agrega—, por la experiencia que él tenía en este tipo de trabajo en la segunda guerra mundial. Y ellos aprovecharon esa experiencia.»

De Castro explica también que Barbie despreciaba al guerrillero argentino, y que una vez había dicho: «Este pobre hombre no hubiera sobrevivido si hubiese luchado en la segunda guerra mundial. Fue un aventurero lamentable, que nada tuvo que ver con su imagen popular. La gente lo ha convertido en un mito, en una gran figura. ¿Pero qué logró realmente? Absolutamente nada».

la sombra por los jefes militares y su entorno delictivo. Es también entonces cuando Bolivia comenzó a recordarle sus viejos tiempos en la Gestapo. Banzer instaló verdaderos campos de concentración para encerrar a los opositores, instauró brutales métodos de tortura e impuso una férrea dictadura a fuerza de secuestros y desapariciones de sus adversarios, o sus partidarios en desgracia. La colaboración de Barbie en esa suerte de III Reich a la boliviana lo ligó al estamento militar más corrupto, que se enriquecía con el tráfico clandestino de armas y drogas.

En junio de 1978 Banzer fue derribado por su ministro de Gobierno, el general de aviación Juan Pereda, lo que dio lugar a una serie de enfrentamientos sociales y crímenes sangrientos. Pereda, incapaz de imponer alguna autoridad, entregó el poder al Congreso, que llamó a elecciones y designó presidenta interina a Lidia Gueiler Tejada, la primera mujer en gobernar Bolivia desde su independencia. El 17 de julio de 1980 el general Luis García Meza, primo de la presidenta, encabezó un golpe de Estado que la derrocó y la envió al exilio. Klaus Barbie actuó como asesor de ese alzamiento, según parece coordinando la participación secreta del ejército argentino a través del Batallón de Inteligencia 601, de siniestra fama durante la atroz dictadura que oprimió aquel país entre 1976 y 1983.

Como retribución por los servicios prestados, Klaus Barbie fue nombrado director general de la Compañía Transmarítima Boliviana, destinada a alquilar barcos extranjeros para el transporte de mercancías de importación y exportación, y bajo cuerda, productos de contrabando. En un país como Bolivia, que no tiene acceso al mar, ese puesto era algo más que un cargo empresarial. El ex nazi salió de las tinieblas del espionaje político, para mostrarse a la luz pública como un próspero hombre de negocios. A sus casi 80 años frecuentaba los mejores cafés y restaurantes, y participaba activamente de la vida social de la alta burguesía.

Una imagen de Klaus Barbie extraída del documental *My Enemy's Enemy*.

Un fanático de Adolf Hitler

Sesenta años antes, en 1933, la vida anodina del estudiante alemán Klaus Barbie dio un profundo vuelco, al escuchar por primera vez la verborrea prepotente y triunfalista de Adolf Hitler. El joven contaba entonces 20 años, su padre acababa de morir y sus perspectivas de futuro abogado sin medios no eran muy halagüeñas. Toda su generación estaba pagando las consecuencias del humillante Tratado de Versalles y de la crisis mundial de 1919-1923, mientras caía sobre la depauperada Alemania otra gran debacle económica: la nueva y terrible crisis que estalló en 1929. En ese panorama desolador, sólo el hombre al que sus partidarios llamaban el Führer ofrecía una salida a los jóvenes desempleados y desplazados, en una sociedad sin futuro. Y era además una salida triunfal, que acabaría con los judíos y los comunistas, los dos fantasmas que amenazaban a los buenos patriotas alemanes.

Klaus amaba a su patria y odiaba a los extranjeros, como le había enseñado su padre, maestro de escuela y veterano de la primera guerra mundial herido en combate. Pero su patriotismo era pasivo y desencantado, hasta que el histrionismo mesiánico de Hitler despertó en él una súbita pasión nacionalista, encarnada en la persona del Führer. Barbie se afilió al NSDP en 1934 y al año siguiente ingresó en las ascendentes SS. También él ascendió, demostrando un especial talento para el contraespionaje. Como agente de la SD (*Sicherheitsdients* o Servicio de Seguridad) formó parte de la elitista Sección de Inteligencia IV-B4. Destinado a Ámsterdam en 1940, obtuvo informes confidenciales que facilitaron la invasión de Holanda y su ocupación por el ejército alemán.

Klaus Barbie, en el centro de paisano, en Lyon en 1943.

Barbie no era un militar, sino un oficial de inteligencia de las SS, de modo que su principal función durante la guerra fue descubrir y desmantelar focos de resistencia o de oposición clandestina en los países invadidos, y arrestar a sus integrantes. Cumplió ese cometido con tal habilidad, brutalidad y eficacia, que en mayo de 1942 el Alto Mando lo designó jefe de la Gestapo de Lyon, en la Francia ocupada. El poder que le daba ese cargo sobre la vida y la muerte de los ciudadanos, desató en Barbie una despiadada ferocidad, hasta entonces más o menos contenida. Por supuesto su primer objetivo fueron los judíos, víctimas inocentes que arrancó de sus hogares en sucesivas redadas para enviarlos a una muerte segura y cruel en los campos de exterminio. Su particular «limpieza étnica» incluyó una batida en el orfanato de Izieu, donde cogió a 50 niños y niñas judíos que deportó a Auschwitz.

Como jefe de la Gestapo en Lyon, Klaus Barbie dirigió en la primavera de 1943 las operaciones contra la Resistencia clandestina en la región. Con ese fin instaló su cuartel general en el Hotel Terminus y utilizó como informantes a los derechistas y fascistas locales, que no eran pocos. El método dio resultado, y pronto comenzaron a caer combatientes y civiles implicados en las actividades subversivas. Los detenidos de poca importancia eran fusilados o simplemente asesinados de un pistoletazo, a menudo por el propio Barbie. Los jefes y los mensajeros que podían brindar información o nombres eran interrogados y torturados en el antiguo fuerte de Montluc, convertido en tétrica prisión. Unos meses después, ante el ingente número de prisioneros que iban cayendo en sus manos, Barbie trasladó su sede a la Escuela de Sanidad Militar, un gran edificio que convirtió en un dantesco antro de tormentos. Las víctimas eran encerradas en celdas estrechas y oscuras, y llevadas a cámaras de tortura, donde se las amarraba con correas a las mesas y se las interrogaba una y otra vez, sometiéndolas a bestiales suplicios.

Jean Moulin, unos de los principales jefes de la Resistencia, antes de ser capturado por los nazis.

De acuerdo con los testimonios posteriores, Klaus Barbie torturaba personalmente con verdadera fruición, combinando la brutalidad con el sadismo. En los interrogatorios usaba látigos, porras o sus propios puños, para golpear a hombres y mujeres. Muchos morían a consecuencia de los golpes, y los que sobrevivían eran enviados a los campos de exterminio.

A mediados de 1943 Jean Moulin, el legendario líder de los maquis, era buscado en toda Francia por la Gestapo, sin conseguir atraparlo. El guerrillero aparecía y desaparecía aquí y allá, para coordinar todas las redes de la Resistencia en un Consejo Nacional presidido por él. En el mes de junio, por medio de un colaboracionista, Barbie recibió el rumor de que Moulin rondaba los alrededores de Lyon. Utilizó entonces una de sus tácticas favoritas: dejó en libertad a un prisionero que ocupaba un cargo importante en la Resistencia regional, y lo hizo seguir subrepticiamente por sus sicarios. El hombre, sin saberlo, guió a la Gestapo hasta una casa suburbana donde tenía lugar una reunión secreta. Los participantes fueron capturados por sorpresa antes de poder reaccionar. Entre ellos se encontraba Jean Moulin.

Conducido a las mazmorras de la Escuela de Sanidad, el líder del maquis fue sometido por Barbie a atroces castigos, como quebrarle las falanges y las muñecas o propinarle feroces golpes en la cara hasta convertirla en una masa informe. Unas semanas después, cuando Moulin era ya apenas un guiñapo destrozado y sanguinolento, Barbie decidió enviarlo como un paquete a Berlín, para que los jefazos de las SS vieran su obra y decidieran qué hacer con él. Esa decisión nunca llegó a tomarse, porque el maquis agonizante murió durante el trayecto, cuando el tren pasaba a la altura de Metz, en la Lorena francesa.

Hitler condecoró a Barbie con la Cruz de Hierro de primera clase por la captura del mítico líder de la Resistencia francesa. A partir de entonces ostentaría ese hecho como su mayor blasón, y para los servicios secretos con los que colaboró después de la guerra, no sería el «Carnicero de Lyon», sino «el hombre que atrapó a Jean Moulin».

Al producirse la liberación de Lyon en septiembre de 1944, Klaus Barbie desapareció. Después del fin de la guerra un tribunal francés lo juzgó en ausencia y lo condenó a cadena perpetua. Los cargos comprobados fueron el asesinato de 4.432 personas en la propia Lyon; el envío al exterminio de 7.500 prisioneros, la mayoría de ellos judíos, y el arresto y tortura de 14.311 miembros o colaboradores de la Resistencia.

Volvamos ahora a las andanzas de Klaus Barbie (o Altmann) en su refugio dorado en Bolivia. Ya en 1971, cuando el Carnicero de Lyon participaba en los chanchullos delictivos del general Banzer, el incansable matrimonio de cazanazis formado por Beate y Serge Klarsfeld descubrió el primer indicio sobre su paradero. Revisando unos archivos en la Fiscalía General de Alemania, encontraron un informe reservado que denunciaba la presencia de Barbie en Bolivia. Los Klarsfeld viajaron al país sudamericano, descubrieron el domicilio y la identidad ficticia del señor Altmann, y movieron cielo y tierra para exigir su extradición. Pero el imputado negó rotundamente que fuera Klaus Barbie, y el Gobierno boliviano hizo ver que se lo creía. Tampoco la Cancillería alemana movió pieza, y el tema quedó estancado. En su desesperación Beate llegó a encadenarse a una verja para reclamar la atención internacional. Los medios de todo el mundo reprodujeron la foto y se creó un escándalo general, pero Barbie y Banzer siguieron en sus trece. Como toda noticia que no trae nuevos avances, el asunto fue desapareciendo de la prensa y los noticiarios. Tuvieron que pasar más de diez años hasta que el Gobierno democrático de Siles Suazo accediera a una petición de la Fiscalía francesa, y Barbie fuera extraditado a ese país el 25 de enero de 1983, sin que mediara un proceso legal. La llegada del Carnicero de Lyon a Francia provocó una verdadera conmoción mediática y varias manifestaciones multitudinarias que mezclaban la celebración con la petición de castigo. En un país proclive a exaltar la Resistencia y exagerar sus alcances, como contrapartida de su frágil oposición militar a la invasión nazi, el asesino del heroico Jean Moulin merecía una venganza ejemplar. Para colmo, en esas mismas fechas el Departamento de Justicia de los Estados Unidos desclasificó los documentos secretos sobre la actuación de Klaus Barbie para la inteligencia americana. En un alarde de doble moral, el Gobierno de Washington elevó una queja formal a Francia por «demorar la justicia en Lyon» durante 33 años.

El abogado del terror

Jacques Vergès, nacido en Tailandia, hijo de un cónsul francés y una maestra vietnamita, defendió como abogado a una serie de dictadores y terroristas. Aparte de Klaus Barbie, representó en juicio al famoso mercenario Ilich Ramírez (llamado «Carlos» o «Chacal») y a su amante Magdalena Kopp, del grupo Baader-Meinhof; al negacionista francés Roger Garaudy, o a Idris Déby, el dictador del Chad. Vergès también había defendido a la independentista argelina Djamila Bouhired, con la que contrajo matrimonio. Su línea de defensa consistía en recordar los crímenes del colonialismo europeo, cuyos responsables nunca habían sido juzgados ni condenados.

Barbie permaneció en su celda de Lyon durante tres años, sin que se fijara fecha para el juicio, tal vez porque la justicia francesa prefirió esperar a que el tiempo atenuara las previsibles reacciones populares contra el acusado. Finalmente, en enero de 1987 se inició el proceso, que el tribunal permitió que fuera filmado en razón de su importancia histórica. La defensa de Barbie corrió a cargo del pintoresco e inefable abogado Jacques Vergès, que lució la excentricidad y la oratoria que le daban fama en los juzgados.

Al frente de la acusación actuó el fiscal Pierre Trouche, que desmontó hábilmente los inusuales argumentos de Vergès. El 4 de julio de 1987 el Tribunal de Lyon condenó al acusado a cadena perpetua. Una ironía del destino quiso que fuera encerrado en la cárcel de Montluc, la misma en la que cuatro décadas antes había recluido y torturado a sus víctimas. Klaus Barbie murió en esa prisión, el 25 de septiembre de 1991.

7

Hermine Braunsteiner La «yegua» salvaje de Majdanek

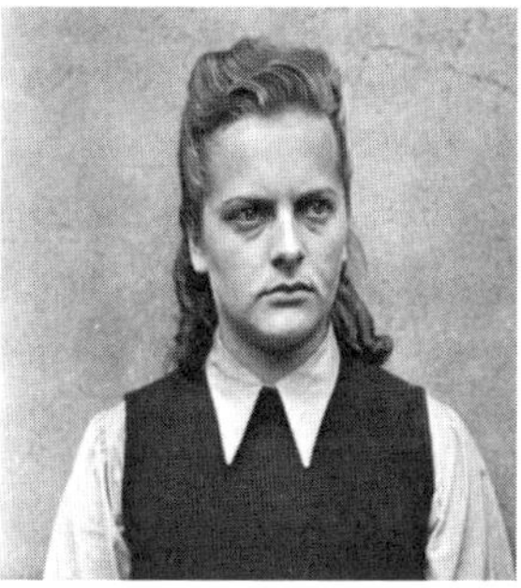

Mi esposa Hermine es la persona más decente del mundo, incapaz de matar una mosca. Ella me dijo que aquello era un deber que tenía que cumplir.

RUSSELL RYAN

Russell Ryan era un turista americano que en el verano de 1958 visitaba los países centroeuropeos, entre ellos Austria. Aquel día ocupó una mesa en el restaurante típico vienés que recomendaba la guía de turismo que llevaba en el bolsillo. Cuando se disponía a estudiar el menú, distrajo de pronto su atención una de las camareras, que avanzaba cargando una bandeja y sorteando las mesas con un andar sinuoso. Era rubia, bonita, de ojos azules, con unas piernas largas y muy bien formadas. Russell la llamó con un gesto, y ella le respondió con una agradable sonrisa, al tiempo que le indicaba que antes debía servir a la mesa próxima. Al inclinarse para distribuir los platos, la falda de aldeana se alzó unos centímetros, dejando ver las suaves corvas y el nacimiento de los muslos. El turista americano quedó totalmente fascinado.

La fascinación se tornó en feliz incredulidad cuando comprobó que la chica hablaba un inglés correcto... ¡en su versión americana! Mientras hacía su pedido Russell pudo saber que ella se llamaba Hermine; luego, al traerle los platos escogidos le informó de que era soltera; y cuando él pagaba la cuenta quedaron en salir juntos al día siguiente. La mutua atracción inicial se convirtió en un apasionado romance. Russell rogó a Hermine que pidiera un permiso en su trabajo y lo acompañara en el resto de su gira turística, que sólo se vio enturbiada en Polonia por un banal incidente, cuando él comenzó a leer el apartado de la guía referido al campo de exterminio de Majdanek. Ella, bruscamente alterada, le exigió que dejara esa lectura.

Más tarde, ya en el hotel, explicó que había perdido a su mejor amiga en Majdanek, y que aún se deprimía al hablar de ese tema. No se volvió a mencionar el asunto. Russell y Hermine se sentían cada vez más enamorados, y cuando él regresó a América llevó consigo a su guapa novia austriaca. Contrajeron matrimonio en Canadá en octubre de 1958, y tras una breve estancia en ese país se trasladaron a Nueva York.

Al poco tiempo Hermine sacó a relucir un carácter autoritario, que Russell soportaba lo mejor que podía. Cuando los vecinos le decían que tenía una mujer encantadora, él asentía con una sonrisa de satisfacción. Lo que el hombre no sabía era que su atractiva esposa no sólo tenía mal talante, sino que había sido una guardiana de los campos nazis de exterminio, capaz de las mayores atrocidades.

Hermine Braunsteiner obtuvo la ciudadanía estadounidense en enero de 1963, y por primera vez en su vida se sintió absolutamente segura. Ahora era una típica ama de casa americana, sencilla y hacendosa, protegida por un esposo intachable y apreciada por un vecindario respetuoso de la ley, que incluía varios veteranos que habían luchado en Europa contra el III Reich. ¿Quién podría sospechar que se trataba de una criminal nazi fugitiva?

Bonita y con pocas luces

Hermine Braunsteiner, nacida en Viena el 16 de junio de 1919, era la hija menor de un matrimonio de clase media baja. Su padre, Friedrich, trabajaba como transportista para una empresa cervecera, empleo que alternaba con el de carnicero. Su madre, Maria, ayudaba a la escasa economía hogareña como lavandera. La niña destacaba por su rubia belleza y su talante irascible. Los Braunsteiner sólo pudieron pagarle la educación primaria, pero no la carrera de enfermería que era su sueño de adolescente. En 1937, por un anuncio en la prensa, consiguió emplearse como camarera en casa de un ingeniero estadounidense que vivía en Inglaterra. Permaneció en ese puesto dos años, en los que aprendió el inglés americano que tan útil le resultaría dos décadas después para seducir a Russell Ryan.

La anexión de Austria por Alemania en el *Anschluss* de 1938, convirtió a Hermine en una orgullosa ciudadana del III Reich, y en entusiasta seguidora de las proclamas milenaristas del nazismo. Convencida de la superioridad de la «raza» aria, de la que su tipo físico era casi modélico, decidió dejar el servicio doméstico en Inglaterra y regresar a Viena. Tras una breve estancia en su ciudad natal se trasladó a Berlín, la subyugante capital del imperio hitleriano, dispuesta a triunfar en la Nueva Alemania fundada por el Führer. A finales de aquel mismo año de 1938 consiguió un modesto empleo en la fábrica de aviones Heinkel, con un salario que a duras penas le daba para comer y alquilar una habitación. Finalmente su casero, cansado de los retrasos y dificultades de Hermine para pagar el alquiler, le aconsejó que se apuntara en las SS de Himmler. El 15 de agosto de 1939 Braunsteiner ingresó como guardiana ayudante en el campo de concentración de Ravensbrück, a las órdenes de Maria Mandel, jefa de las barracas para mujeres.

La joven guardiana se ganó el respeto de sus colegas y el temor de las internas, por sus implacables castigos ante la menor falta a las normas del reglamento. Sus estallidos de ira eran en extremo violentos y en ocasiones rozaban la perversión. No sabemos si fueron esos excesos, o quizá la competencia por el liderazgo, lo que creó una pronta y profunda animadversión

Majdanek, situado en territorio polaco, se encuentra a 4 km de la ciudad de Lublin, cerca del límite con Ucrania.

entre Hermine y su jefa Maria Mandel. Ésta tenía también un carácter fuerte, y sus enfrentamientos con su tremenda subordinada eran constantes. Finalmente Hermine comprendió que ella y Maria no cabían juntas en Ravensbrück, y solicitó su traslado a otro destino.

Braunsteiner se presentó en el campo de Majdanek el 16 de octubre de 1942. Ese lugar, situado en las afueras de Lublin, en Polonia, era un campo de trabajo al que recientemente se habían agregado las instalaciones necesarias para el exterminio. Ese hecho había incrementado la cantidad de prisioneras femeninas, con lo cual la fama de Hermine fue muy bien recibida por Elsa Erich, *Oberaufseherin* o inspectora jefa del sector de mujeres. Ésta había formado un despiadado equipo de guardianas, cuyo núcleo duro estaba integrado por Alice Orlowski, Erna Wallisch y Hildegard Lachert, a las que se sumó Hermine. La recién llegada se ofreció como voluntaria para seleccionar a las mujeres y niños que debían ir a las cámaras de gas. Los escogidos debían formar filas, que ella arriaba con un látigo especialmente duro, cuyos brutales azotes descarnaban a los niños y sus madres, a veces hasta matarlos. Usaba también unas botas con las punteras y la base de los tacones de metal, con las que pateaba y pisoteaba sin piedad a sus víctimas, que a menudo morían destrozadas. Por esa brutal forma de castigo se ganó el apodo de «Stute von Majdaneck» (yegua de Majdaneck), que se susurraba en las barracas para anunciar su temida presencia. El régimen nazi, y en especial las SS, no podían menos que admirar los bestiales y expeditivos métodos de Braunsteiner, que en 1943 fue condecorada por Himmler con la Cruz al Mérito en Guerra de segunda clase.

A finales de julio de 1944 el Ejército Rojo se acercaba peligrosamente a Lublin, y los nazis decidieron evacuar Majdaneck. Tanta fue su prisa que no alcanzaron a desmontar totalmente las instalaciones de exterminio, que hoy son el mayor testimonio material de la barbarie del Holocausto. Hermine Braunsteiner fue enviada de regreso al complejo de Ravensbrück, como supervisora del subcampo femenino de Genthin. Allí ejerció durante unos meses sus habituales atrocidades, hasta escapar sigilosamente en mayo de 1945. Llegó a una fantasmal Viena sumida en el hambre y la desolación, donde a poco de vagar por las calles fue detenida por la policía austriaca. Entregada a las autoridades británicas de ocupación, se la mantuvo arrestada entre el 6 de mayo de 1946 y el 18 de abril de 1947, fecha en que un tribunal especial austriaco la procesó por malos tratos, torturas y crímenes contra la humanidad, sobre la base de las pruebas de su actuación en Rabensbrück. Condenada a tres años de prisión, cumplió íntegramente esa pena y salió en libertad en abril de 1950. Llevaba en su bolso un documento de amnistía, que le garantizaba inmunidad contra cualquier persecución posterior en Austria por los mismos motivos. Para la justicia austriaca, Hermine Braunsteiner había pagado con tres años de cárcel sus centenares de abusos y crímenes bestiales.

Volvamos ahora al dulce hogar neoyorquino de Queens, donde la señora de Russell Ryan disfruta de una vida tranquila y segura. Es el año 1964, y el tiempo ha pasado sin que ningún sobresalto despertara un pasado que ella prefiere no recordar. Pero quien no lo ha olvidado es el tenaz justiciero Simon Wiesenthal, que desde hace tiempo la incluye en su lista de criminales nazis fugitivos. A partir de un dato encontrado en Viena, Wiesenthal y sus colaboradores siguen la pista de Hermine hasta Halifax, en Canadá, donde comprueban su boda con Russell, y en Toronto confirman que el matrimonio se ha radicado en Nueva York. En 1964 nuevas investigaciones ubican a la señora Ryan en el distrito de Queens y, cerrando el círculo, en el barrio de Maspeth. Wiesenthal no cuenta con medios para rastrear toda esa zona casa por casa, y resuelve enviar al *New York Times* los datos de que dispone sobre Hermine y sus crímenes, adjuntando su actual apellido de casada y su posible residencia en el distrito de Queens, probablemente en el barrio de Maspeth.

La yegua acorralada

El joven reportero del *New York Times* Joe Lelyveld debía cumplir un encargo engorroso del director de su periódico: rastrear todo el barrio de Maspeth, puerta por puerta, preguntando por la señora de Russell Ryan. Ese nombre y una vieja fotografía que mostraba a una joven rubia vestida con el uniforme de las SS era todo su bagaje para emprender la indagación. En la primera casa a la que llamó, un hombre malencarado le cerró la puerta en las narices al saber que era un periodista. Resignado a que pasaría muchos momentos semejantes a lo largo del día, Joe se dirigió a la siguiente casa y llamó al timbre. Oyó un taconeo en el interior, la puerta se abrió y en el vano apareció una mujer de unos cuarenta años, muy atractiva, que podría haber sido la madre de la joven nazi de la fotografía. Mientras el reportero explicaba el motivo de su presencia, el rostro de la mujer se fue ensombreciendo, con expresión de furia contenida. Luego pareció derrumbarse.

—¡Dios mío! Sabía que esto tenía que ocurrir algún día —murmuró, haciéndose a un lado—. Pase usted, por favor.

En su entrevista con Lelyveld y en sus declaraciones ante una comisión federal, Hermine admitió que había trabajado en Majdanek, pero en su condición de enfermera y sólo durante un año. Su amante esposo Russell declaró apasionadamente a su favor. Ambos eran buenos ciudadanos americanos, no tenían antecedentes policiales, el vecindario los consideraba buena gente y él pagaba cumplidamente sus impuestos. ¿Para qué remover si ella había cometido algún delito veinte años atrás, en tiempo de guerra y en el extranjero? Por otra parte, no existía ninguna petición de extradición por parte de Alemania, Polonia o Austria. Hermine no sólo no fue procesada, sino que en agosto de 1968 obtuvo la confirmación de su ciudadanía.

Mientras tanto, la Fiscalía de Düsseldorf llevaba a cabo una laboriosa investigación de la conducta de Hermine Braunsteiner y otras guardianas de los campos de exterminio. Basándose en sus conclusiones, el Gobierno alemán solicitó a los Estados Unidos la extradición de la señora Ryan. El tribunal americano rechazó esa solicitud, en razón de que los presuntos delitos habían sido cometidos en Polonia por una austriaca y, por tanto, Alemania no tenía competencia para pedir su extradición. Hasta ese momento, podría decirse que el derecho penal internacional estaba hecho para evitar que la ex guardiana de Majdanek pagara por sus crímenes. Pero ante una nueva petición alemana de extradición a finales de 1972, la suerte se

Braunsteiner entrando en la sala del tribunal encargado de juzgarla.

Hermine Braunsteiner y la novela *El lector*

Es probable que el autor alemán Bernhard Schlink se haya inspirado en la historia de Hermine Braunsteiner para elaborar algunos aspectos de su novela *El Lector*, un gran éxito editorial que se repitió en la versión cinematográfica dirigida por Stephen Daldry en 2008. En la primera parte Schlink presenta una relación entre un adolescente y una mujer madura, tema que tiene ilustres y abundantes antecedentes. Pero en su segunda parte la novela da un vuelco audaz y más original. El chico es ya estudiante de Derecho, y reencuentra a la mujer como acusada en un juicio colectivo contra las guardianas de un campo de concentración. El proceso es una especie de remake del juicio real que condenó a la Braunsteiner en Düsseldorf, aunque el autor se cuida de situar el delito en un subcampo de Auschwitz y durante un incendio que no sabemos si ocurrió, pero en cualquier caso no en Majdanek.

Schlink describe a su protagonista, Hanna Schmidt, en la primera visita del chico, que la contempla mientras ella plancha su ropa: «Llevaba una bata sin mangas, de color azul con florecillas de un rojo pálido. Los cabellos rubios le llegaban a la espalda, y los sujetaba junto al cuello con un pasador. Sus brazos, desnudos eran blancos. (...) Una frente alta, pómulos marcados, ojos azul claro, labios plenos de un trazo regular, sin sinuosidades, una barbilla vigorosa. Una cara amplia, recia, femenina». Basta contemplar una foto de Hermine Braunsteiner, para encontrar una notable semejanza con la descripción de Hanna Schmidt.

Cartel de la película *El lector*.

Otra coincidencia entre ficción y realidad es que Hanna, como Hermine, es condenada a cadena perpetua, la pena más grave en aquel juicio colectivo. También ambas obtienen un indulto, Hanna después de 18 años de cárcel, y Hermine habiendo cumplido 15. La principal diferencia entre ambas historias es que Hanna, pocas horas antes de salir en libertad, aparece colgada en su celda. El final de Braunsteiner fue distinto, y menos literario.

torció para Hermine. Después de que el juez oyera los testimonios de varias de sus antiguas víctimas, sentenció su extradición el 8 de julio de 1973, convirtiéndola en el primer criminal de guerra nazi extraditado a Alemania por los Estados Unidos.

El juicio contra Hermine Braunsteiner y otras quince ex guardianas de Majdanek se inició en Düsseldorf en noviembre de 1975 y demandó la inusual cifra de 474 sesiones a lo largo de seis años. El tribunal rechazó el recurso de incompetencia territorial, presentado por los abogados defensores, por la razón de que en la época de los hechos Polonia era un país ocupado por Alemania y estaba bajo el gobierno del III Reich. Por el mismo motivo afirmó su derecho a juzgar a las acusadas extranjeras, como Hermine, aduciendo que entonces eran ciudadanas alemanas. Desfilaron como testigos varias sobrevivientes de Majdanek, que describieron entre lágrimas las atrocidades de Braunsteiner. Más de una explicó lo del látigo y las botas con punteras metálicas, y hubo quien dijo textualmente que «ella levantaba a los niños por el pelo, y los arrojaba en el camión que los llevaba a la cámara de gas». Esos testimonios y otras demoledoras pruebas documentales presentadas por la Fiscalía hicieron que Hermine fuera condenada como culpable del asesinato comprobado de 80 personas, participación en la muerte de 102 niños y colaboración en la de otros mil. En su sentencia, dictada el 30 de junio de 1981, el tribunal la castigó con la pena más severa entre todas las de ese juicio, condenándola a prisión perpetua.

Hermine fue encarcelada en la prisión para mujeres de Mülheimer. Allí, varios años después, se le presentó una seria diabetes, que por su gravedad obligó a los médicos a amputarle una pierna. Aun así su mal continuó agravándose, y finalmente fue liberada en 1996. Murió con casi 80 años, el 19 de abril de 1999, en la ciudad de Bochum, en Renania. Su nombre suele utilizarse como arquetipo de la guardiana nazi cruel y sin escrúpulos, y eso es lo que fue, pero no la única. En sus innumerables campos las SS maltrataron y asesinaron a millones de mujeres y niños, que se hacinaban en barracas a cargo de mujeres guardianas. Miles de ellas que, si se trataba de matar a judías y a sus hijos, no mostraban más compasión ni menos sadismo que sus embrutecidos colegas masculinos.

8

Hess, Bormann, Goering y Goebbels La infame pandilla de Hitler

> Pasaremos a la historia como los más grandes estadistas; o como los mayores criminales.
>
> JOSEF GOEBBELS

Desde sus comienzos en el NSDAP y hasta su suicido en el búnker de Berlín, Adolf Hitler se rodeó de una selecta pandilla de extraños personajes, tan serviles como ambiciosos. Como buen psicópata paranoico, el Führer recelaba de todos sus subordinados, pero al tiempo necesitaba de alguien en quien poder confiar. Entre los que tuvieron una relación más estrecha con él se contaron Rudolf Hess, Martin Bormann, Hermann Goering y Josef Goebbels. Ninguno de ellos ensució sus botas en el fango de los *lager*, ni accionó las válvulas de las cámaras de gas o arrojó cadáveres esqueléticos en las fosas comunes. Pero todos celebraron e impulsaron los tétricos designios de Hitler y fueron responsables directos o indirectos de que se cumplieran.

Hess, el leal traidor

El 10 de mayo de 1941 el agricultor escocés Donald McLean alzó la vista, al oír un rumor en el cielo. Divisó a un paracaidista que descendía sobre un campo sembrado, daba unos tumbos y se incorporaba con dificultad. Llevaba un uniforme alemán, pero no iba armado. McLean se le acercó, empuñando su horquilla por si acaso, y le preguntó quién era.

—Soy el capitán Alfred Horn —respondió el otro, renqueando a causa de una pierna herida al saltar del avión—. Traigo un mensaje urgente para el duque de Hamilton.

Poco después se aproximó William Craig, un vecino ya anciano, que estudió con suspicacia al extraño paracaidista. Luego entre ambos hombres lo llevaron a la granja de McLean. Mientras su mujer y su madre lavaban y vendaban la pierna del forastero y le servían un poco de té, Craig susurró algo al oído de su vecino. Entonces arribaron los guardias locales, que se llevaron al capitán Horn a su cuartelillo. McLean los acompañó, y desde allí telefoneó a la residencia del duque de Hamilton.

—El duque no conoce a ningún capitán Horn —le informó el mayordomo, después de consultar con su amo—. Y por supuesto no puede recibirlo.

—Pues dígale al duque que el hombre que quiere hablar con él es Rudolf Hess —respondió McLean, asumiendo la sospecha de su amigo Craig.

El duque de todas formas no recibió a Hess. Fue él mismo quien al amanecer del día siguiente fue a ver al supuesto mensajero en el cuartelillo rural. El encuentro fue insustancial, pero sirvió para que Hamilton comprobara que el hombre era efectivamente Rudolf Hess, y que al parecer no estaba en sus cabales.

Por la tarde Hamilton viajó a Oxfordshire para informar a Winston Churchill, que había invitado a unos amigos para ver el filme *Los hermanos Marx en el Oeste*. En cuanto el duque le anunció ansioso el motivo de su visita, Churchill lo interrumpió con un gesto para calmarlo. Luego le puso una mano en la espalda y lo guió hacia el salón, diciendo:

—Hess o no Hess..., primero vamos a ver a los hermanos Marx.

Aquel 10 de mayo de 1941, después de mediodía, un mes antes de la invasión de la Unión Soviética, Hess se despidió en su casa de Múnich de su esposa Ilse y su hijo Wolf, diciendo que regresaría el domingo por la tarde. Condujo su Mercedes hasta la factoría de aviación Messerschmitt, vistió un uniforme de capitán de la *Luftwaffe*, y despegó a las seis de la tarde en dirección a las islas británicas. No avisó a nadie de su vuelo, ni siquiera a su amado Führer. Éste tuvo un verdadero ataque de furia cuando fue informado de que Hess había aterrizado por su cuenta en Escocia y se encontraba prisionero. Era un acontecimiento muy favorable para los ingleses, que lo utilizarían para anunciar la descomposición del Reich, pero muy mala para él, a las puertas de abrir el frente oriental y con bastantes problemas internos. Mientras tanto en Oxfordshire, cuando Winston Churchill terminó de ver a los Hermanos Marx, escuchó el relato de Hamilton y luego mandó que Hess fuera encerrado en la Torre de Londres. ¿Qué llevó a Rudolf Hess a emprender esa insólita aventura? Los médicos que lo atendieron registraron un cierto desequilibrio mental, que pudo influir en la

Un aristócrata de ultraderecha

A partir del triunfo de la revolución soviética en 1917, fueron surgiendo en Europa numerosos grupos y asociaciones de carácter ultraderechista, cuyo objetivo era evitar la expansión del comunismo en sus respectivos países. El joven aristócrata escocés Douglas Douglas-Hamilton, después XIV duque de Hamilton, mantenía relaciones con la Liga Nórdica y el Club de la Derecha. El contraespionaje británico no lo ignoraba, al punto que el MI5 llegó a registrar que Hamilton mantenía «muchos contactos nazis en este país».

Durante los Juegos Olímpicos de Berlín en 1936 Douglas tomó contacto con Albrecht Haushofer, agente de la Oficina del III Reich en Londres. Ambos coincidieron en su obsesión contra el comunismo, y volvieron a verse varias veces, tanto en Alemania como en Inglaterra y Escocia. De algún modo representaban a los círculos que, en ambos bandos, propugnaban una paz separada entre Inglaterra y el Reich. Esta idea comenzó a interesar a Hitler a principios de 1941, cuando preparaba la invasión de la Unión Soviética. Pero Haushofer cayó en desgracia cuando fracasó en su intento de ver a lord Halifax, ministro de Exteriores del Gobierno británico, y después ya fue demasiado tarde. El duque abandonó su afición conspiratoria, y se ocupó dignamente de la defensa aérea de Escocia. Rudolf Hess retuvo su nombre como contacto inglés favorable a la firma de una paz separada, y actuaría en consecuencia.

forma descabellada de llevarla a cabo. Pero quizá su propósito obedecía a una arraigada lealtad al Führer.

Nacido en 1894 en Alejandría (Egipto), donde su padre llevaba un negocio de exportación, Hess fue uno de los fundadores del NSDAP, y participó activamente en el audaz *Putsch* de Múnich. Encarcelado junto a Adolf Hitler, se dice que transcribió las notas que éste le dictaba para su libro *Mi lucha*, y después siguió actuando como su secretario personal. Al asumir la Cancillería en 1933, Hitler le nombró su adjunto y ministro sin cartera. Pero su influencia en el partido y en el Gobierno fue decayendo a favor de Martin Bormann, el secretario político del Führer. Es posible que la fidelidad a Hitler y el deseo de recuperar su confianza le hicieran emprender en solitario aquel insensato episodio. También es posible que Haushofer y sus compinches del otro lado del canal lo impulsaran a hacerlo, utilizándolo como «globo sonda» para ver qué pasaba ante el hecho consumado.

Rudolf Hess formó parte de los sentenciados por el Tribunal de Núremberg, que lo condenó a cadena perpetua. Fue recluido en la prisión militar de Spandau, al oeste de Berlín, junto al ex almirante Doenitz, Albert Speer y von Schirach. Éstos fueron cumpliendo su pena y liberados, con lo que a partir de 1966 Hess se quedó como único huésped del tétrico edificio. Los medios lo bautizaron entonces como «el prisionero de Spandau», destacando la soledad de su encierro, y cada tanto se publicaba que lo iban a trasladar a otro centro penitenciario o incluso que sería puesto en libertad. Pero el Reino Unido y la Unión Soviética no cedieron a esas razones «humanitarias», y Hess vivió en esa cárcel durante más de 40 años, los últimos 20 absolutamente solo. El anciano ex nazi se suicidó en su celda en agosto de 1987, con 93 años de edad. La prisión de Spandau fue demolida poco después, para evitar que se convirtiera en un símbolo para los nostálgicos del nazismo.

Rudolf Hess saluda a Adolf Hitler.

Martin Bormann, el favorito insustituible

Algunos testigos de la escena han contado que cuando Hitler se enteró de la deserción de Rudolf Hess, empezó a golpear las puertas y gritar desesperado:

—¡Bormann! ¡Bormann...! ¡¿Dónde está Bormann...?!

Clamaba por su hombre de confianza, el favorito que siempre había estado y estaría a su lado. Su irremplazable Martin Bormann, que lo acompañaba desde las horas oscuras de la clandestinidad y habría de ser testigo de su boda in extremis en el búnker de Berlín.

Bormann había nacido en Halberstadt el 17 de junio de 1900, como hijo del ex sargento mayor de un regimiento prusiano. Siendo aún casi un niño abandonó la escuela para trabajar en una granja, y en 1917 combatió como artillero en la primera guerra mundial. Nacionalista acérrimo y pendenciero, se integró en el *Freikorp* ultraderechista de Rossbach y en la organización clandestina Feme, dedicada a asesinar a los opositores del nacionalismo alemán. En 1924 fue condenado a un año de prisión por su participación en la muerte del disidente Walter Kadow. Cumplida esa condena Bormann entró en el NSDAP, y después de desempeñar varios cargos en el partido fue elegido diputado al Reichstag en 1933. Hess era entonces secretario y mano derecha del Führer, y lo llevó a su lado como jefe del gabinete. Martin Bormann destacó en ese puesto por su diligencia y eficacia, mientras planeaba su sinuoso ascenso en los estamentos del poder. Gozando de la confianza de Hess y del propio Hitler, se hizo cargo de administrar los fondos «negros» provenientes de las cuantiosas donaciones de los propietarios de industrias bélicas y de los negocios fraudulentos del régimen, que él mismo contabilizaba y repartía entre los jerarcas del Reich.

Cuando en mayo de 1941 Rudolf Hess cometió su torpe traspié en Escocia, Bormann vio llegada su oportunidad. Aprovechando el desconcierto de Hitler y la confianza que le dispensaba, se apoderó del control del aparato nazi haciéndose nombrar Parteikanzler (canciller del partido). En ese cargo aparentemente inocuo y desde un modesto despacho, Bormann urdió una serie de tortuosas intrigas que desgastaron el poder de todo el círculo íntimo del Führer. Con ese fin utilizó la delación de subalternos que envidiaban u odiaban a sus superiores, la difusión de rumores que enemistaban a unos contra otros, o la invención de falsos errores o conjuras que Hitler se creía a pie juntillas. A finales de 1942 Bormann era en la práctica el principal delegado del Führer y su más estrecho colaborador. Conocía como nadie el carácter errátil de su jefe, los puntos débiles de su personalidad, y

De derecha a izquierda Martin Bormann, Robert Ley, Wilhelm Frick, Hans Frank, Franz Ritter von Epp, Joseph Goebbels y Walter Bunch.

aquello que podía agradarle o desagradarle. A su vez Hitler lo consideraba el único hombre en el que realmente podía confiar, y ya casi no tomaba una decisión importante sin consultarla con él.

La hegemonía de Martin Bormann sobre la política del III Reich impulsó los extremos más totalitarios y racistas de la doctrina nazi. Sus órdenes y resoluciones sobre los judíos, los pueblos conquistados y los prisioneros de guerra fueron brutalmente despreciativas y crueles. Colocó a los judíos bajo la jurisdicción exclusiva de la Gestapo, y en un memorándum del 19 de agosto de 1943 declaró que «los eslavos deben trabajar para nosotros. Cuando ya no los necesitemos, podrán morir. La fertilidad eslava no es deseable». Mientras tanto había levantado una barrera de argucias y mentiras entre Hitler y la realidad. Interceptó los informes más sinceros sobre la marcha de la guerra, elevados por los servicios y algunos jefes militares, y dejó que Hitler se entregara a sus delirios de victoria. Cuando ya no pudo ocultar el estruendo cercano de los cañones y las bombas soviéticas, se hizo cargo de organizar la *Volksturm* o «tormenta del pueblo», en realidad una trágica leva forzosa de los adolescentes y mayores de entre 16 y 60 años que aún quedaban en Berlín.

Fiel a su indeclinable lealtad, Bormann se mantuvo junto a su jefe hasta el final. En lugar de escapar o de entregarse, como muchos de sus camaradas, se refugió con Josef Goebbels en el *Führerbunker* y ambos fueron los testigos de la boda de Hitler con Eva Braun. Después del suicidio de los novios y de la familia Goebbels (véase más adelante), el reducido grupo que quedaba en el refugio organizó un intento de fuga hacia las avanzadas de las tropas de Estados Unidos. El convoy de los fugitivos salió protegido por un par de tanques, con Bormann y Ludwig Stumpfegger en un coche conducido por el chófer del Führer, Erich Kempka. Al llegar a la Invalidenstrasse, junto al río Spree, un proyectil antitanque soviético impactó de pleno en el vehículo, que estalló en el acto. Bormann y el médico saltaron por los aires, envueltos en llamas. El líder adolescente de las Juventudes Hitlerianas, Arthur Axmann, corrió en auxilio de las víctimas y pudo rescatar a Kempka, que quedó temporalmente ciego. Según Axmann declararía más tarde, abandonó los otros dos cuerpos calcinados, al darlos por muertos. Los tanques soviéticos continuaron su avance sobre la Invalidenstrasse, y los cuerpos de Bormann y Stumpfegger nunca fueron encontrados.

Los aliados calificaron a Martin Bormann como «desaparecido» y el Tribunal de Núremberg lo juzgó en ausencia, condenándolo a morir en la horca (si alguna vez lo encontraban, claro). Ambas ambigüedades dieron pie a la persistente leyenda de que Bormann estaba vivo y oculto en alguna parte. Circularon rumores sobre su avistamiento en Argentina o Brasil, y de su residencia bajo nombre falso en el sur de Chile, donde se habría casado con una funcionaria del Registro Civil. En los ámbitos de ex nazis y filonazis se esperaba la reaparición de Bormann, como el mesías que volvería para poner definitivamente al mundo bajo el dominio de la cruz gamada.

El 7 de diciembre de 1972 los trabajadores que hacían una excavación en la Invalidenstrasse, desenterraron los restos de dos esqueletos con rastros de quemaduras. Uno había sido alto, alcanzando los 1,90 metros que medía el doctor Ludwig Stumpfegger, y el otro llegaba a los 1,65, altura aproximada de Martin Bormann. La policía sospechó que podía tratarse de los cadáveres que había abandonado el joven Axmann casi treinta años antes. Se buscó al antiguo odontólogo de Bormann, Fritz Echtmann, quien reconoció las coronas que había colocado en la dentadura del jerarca nazi. En abril de 1973 un tribunal alemán declaró a Martin Bormann oficialmente muerto, pero muchos de sus admiradores no se creyeron la historia del dentista. Mantuvieron su ilusoria esperanza hasta que, en 1999, la familia Bormann solicitó que se hiciera a los restos del esqueleto una prueba de ADN, que confirmó sin lugar a dudas que se trataba del lugarteniente de Hitler.

Hermann Goering, el aviador fatuo

Un atardecer de finales del verano de 1946, uno de los guardias del Juicio de Núremberg salió a tomar aire en la puerta de la cantina del ejército estadounidense. Se llamaba Herbert Lee Stivers, tenía 19 años, una novia alemana de nombre Hildegarde Bruner; era soldado de infantería, y su deber consistía en escoltar a los jerarcas nazis encausados entre sus celdas y la sede del tribunal. En aquel momento, mientras encendía un cigarrillo, se acercó a pedirle fuego una bonita joven morena, con la que trabó una conversación banal con matices insinuantes. Ella le dijo que se llamaba Mona, y Herbert le contó que trataba cada día con los jefazos del Reich. La joven se rio con incredulidad y él le dijo que, si quedaban para la noche siguiente, le regalaría el autógrafo de uno de ellos. Mona estuvo de acuerdo, y en la nueva cita Stivers le llevó una dedicatoria de Baldur von Schirach, ex líder de las Juventudes Hitlerianas y gobernador delegado del Reich en Viena, al que ella ni siquiera conocía de nombre. Con afán de seducirla, el joven soldado decidió conseguir la firma del acusado estelar del juicio: el famoso y aparatoso mariscal de campo Hermann Goering (o Göring). En un próximo encuentro le entregó a Mona una cartulina con un breve texto: «Para Mona

Cartel propagandístico de la *Luftwaffe*.

con cariño», y debajo la rúbrica de Goering.

En las semanas siguientes ambos jóvenes se siguieron viendo, y tal vez algo más. Un día ella le dijo a Herbert que unos amigos querían conocerlo, para charlar sobre los nazis acusados. Fue así como el guardia de Núremberg se reunió con dos civiles alemanes que dijeron ser Mathias y Erich, sin mencionar sus apellidos. Se mostraron interesados por las pequeñas anécdotas que relató Stivers, y en una segunda reunión le pidieron un favor: ¿Podría pasarle a Goering un mensaje de aliento de unos amigos, escondido en una pluma estilográfica? Stivers aceptó el encargo porque —según explicó mucho después— no vio nada malo en ello y además quería lucirse ante Mona. Cumplió el pedido sin inconvenientes, Goering se lo agradeció efusivamente, y él le devolvió la pluma a la chica. Poco después los «amigos» volvieron a entregársela, explicando que esta vez contenía una medicina alemana que los aliados no conocían, y que aliviaría una grave enfermedad que sufría el prisionero. Herbert se tragó ingenuamente esa historia, y aceptó el nuevo encargo sin hacer preguntas. En cuanto la «medicina» estuvo en manos del ex jefe de la *Luftwaffe*, Mona y sus compinches desaparecieron para siempre.

Hermman Goering luciendo uno de los uniformes diseñados por él mismo.

Hermann Goering fue hallado muerto en su celda, vistiendo un suntuoso pijama de seda negra, el 15 de octubre de 1946, dos horas antes de la fijada para su ejecución en la horca. La autopsia dictaminó suicidio por ingestión de cianuro, del que se hallaron restos en sus ropas. Antes, al dictarse su condena, había insistido en rechazar la horca, pidiendo ser ejecutado por fusilamiento, como correspondía a su rango de *Feldmarschall* del ejército alemán. Al quitarse la vida evitó la deshonrosa soga, aparte de provocar dudas y protestas sobre la seguridad de los encausados y la pertinencia de ejecutarlos por ahorcamiento.

Herbert Lee Stivers fue licenciado al terminar el juicio, entró a trabajar en una factoría de planchas metálicas, formó una familia, tuvo hijos y se retiró a vivir de su jubilación en su casa del sur de California. Siempre guardó celosamente su secreto, hasta que a principios del 2005 su hija lo convenció de que lo revelara. Stivers tenía ya 78 años, y aceptó que debía aclarar de una vez el enigma histórico del suicidio de Hermann Goering. Ofreció la primicia al periodista James Bone, del *Los Angeles Times*, y este periódico la publicó destacada en su edición del 8 de febrero de aquel año. Desde luego Stivers no tenía pruebas ni testigos de su relato, pero sí un certificado de que había servido como guardia especial en los juicios de Núremberg. Su explicación de cómo obtuvo el veneno el jerarca nazi compite con otras dos o tres versiones, entre ellas la de la investigación oficial (que afirma que Goering llevó siempre la cápsula de cianuro, oculta en la dentadura o en el ombligo) y la que atribuye la entrega del veneno a un abogado llamado Ned Putzell. Pero la de Stivers, preferida por varios de los mejores historiadores del nazismo, es sin duda la más atractiva y novelesca, sin dejar de ser la más plausible.

Hermann Goering tenía al morir 45 años, y durante la mayor parte de ellos interpretó un personaje que primero fue heroico, luego ambicioso y fatuo, después intrigante solitario, y finalmente traidor frustrado y defenestrado, pero siempre figura admirada con fervor por las masas en la teatral parafernalia del nazismo. Durante sus intervenciones en el Juicio de Núremberg aseguró que no tenía prejuicios antijudíos, y que ignoraba lo que ocurría en los campos de exterminio. No obstante fue él quien transmitió a Himmler las órdenes de Hitler sobre la «solución final», y presidió la siniestra reunión de Wannsee para organizar y coordinar el genocidio. Por otra parte, los servicios de inteligencia de los aliados siempre sospecharon que Goering no era tan fanático del nazismo como fingía, y que más bien había actuado en beneficio de su propia megalomanía y de su enriquecimiento personal.

Nacido el 12 de enero de 1893 en la ciudad bávara de Rosenheim, su familia fue, aun para esa época, numerosa. El padre, ex oficial de caballería y antiguo cónsul en Haití, era viudo con cinco hijos cuando contrajo nuevo matrimonio con la joven austriaca Franziska Tiefenbrunn, que le dio otros cuatro vástagos. Hermann Wilhelm fue el último en llegar, y creció mimado y consentido por los otros miembros del clan Goering.

Hermann siguió la carrera militar, como su padre, y al estallar la guerra en 1914 era un joven oficial de infantería, que acababa de salir de la academia. Al año siguiente solicitó su pase a una incipiente formación aérea, cuyo líder era Manfred *Freiherr* von Richthofen, el legendario «Barón Rojo» que llegó a derribar 80 aviones enemigos. Goering tampoco se quedó atrás, y se apuntó 22 victorias con su aeroplano de caza Fokker. Cuando Richthofen cayó en combate en abril de 1918, lo reemplazó al frente de la escuadrilla, germen de la futura *Luftwaffe*. Al terminar el conflicto Goering consideró humillantes las condiciones impuestas a Alemania por los vencedores, y se afincó en Suecia, donde trabajó como piloto en la línea comercial Svenka Lufttrafik. Pilotaba también vuelos privados, en uno de los

Goering y Hitler, ambos aficionados a la caza.

cuales conoció a la baronesa divorciada Karin von Katzow, con quien contrajo matrimonio en Estocolmo el 3 de enero de 1923. A su regreso a Alemania ese mismo año se acercó a Ludendorff[1] y se afilió al Partido Nazi. Goering participó con relevancia en el *Putsch* de la cervecería de Múnich, en el que resultó herido en la ingle. Se convirtió así en figura destacada del NSDAP y en uno de los favoritos de Adolf Hitler, que lo admiraba por sus hazañas de guerra y su actuación en el golpe muniqués.

En las elecciones parlamentarias de 1928, que los nazis perdieron por poco frente al partido de Hindenburg, Goering obtuvo un escaño como diputado. Tres años después el NSDAP lo aupó como presidente del Reichstag, y luego el flamante canciller Hitler le encomendó el nuevo Ministerio de Aviación, con la función de crear la *Luftwaffe*, fuerza aérea del III Reich. En los años siguientes simultaneó esos cargos con el de gobernador de Prusia, el Estado más importante de toda Alemania. La baronesa Karin murió súbitamente de un ataque cardiaco en 1931, y el jerarca viudo intensificó su adicción a la morfina, el alcohol, las mujeres bonitas y las orgías fastuosas. En 1935 se casó en segundas nupcias con la actriz Emmy Sonnemann, que no quiso o no pudo reprimir sus excesos. Mientras tanto había convertido a la policía de Prusia en la tristemente célebre Gestapo, cuyo mando entregó a Heinrich Himmler; y urdió con éste y Heydrich la matanza de la «noche de los cuchillos largos», que eliminó del escenario a Ernst Röhm y sus SA. En 1936 Hitler encomendó el control de toda el área de economía a Goering, y éste le retribuyó con un ambicioso plan de rearme del Reich, que haría realidad la gran ilusión del Führer y enriquecería sin medida a su eficaz subordinado. Goering era un organizador excelente, y su obra preferida fue la *Luftwaffe*. En los primeros tramos de la guerra la aviación alemana se manifestó como la más poderosa fuerza aérea del mundo, mientras la RAF británica, por así decir, calentaba motores. Los bombardeos durante la *Blitzkrieg*, y las batallas ganadas por sus cazas convirtieron a Hermann Goering en el jerarca más popular del régimen nazi. Aunque ya era mariscal de campo, Hitler creó para él el grado de *Reichmarschall* (mariscal de Reich), que el agraciado adornó con los vistosos y un tanto extravagantes uniformes que gustaba lucir en público.

1. El general Erich Ludendorff fue jefe del Estado Mayor de Hindenburg en la primera guerra mundial, y se opuso al armisticio firmado por Alemania en 1918. En la posguerra fue la cabeza visible de la ultraderecha militar y organizó los aspectos tácticos del *Putsch* nazi, pero luego no perteneció al NSDAP, sino que fundó su propio partido nacionalista.

La contundente actuación de la RAF el verano de 1940, en la llamada «batalla de Inglaterra», que lo obligó por primera vez a retirar sus aviones con la cola entre las alas, hizo pensar a Goering que tal vez Alemania podía perder la guerra. Cuando Estados Unidos entró en la contienda en 1941, y al año siguiente los aliados desembarcaron en Normandía, Goering comprendió que su *Luftwaffe* no podría con la ofensiva conjunta de los bombarderos americanos y los cazas de la RAF, que abrirían el camino a los ejércitos de Tierra. Y tenía razón: en los dos años siguientes la suerte de la guerra dio un vuelco total a favor de los aliados. En el invierno de 1944-1945 el avance ruso por el frente oriental parecía imparable, mientras Hitler perdía los papeles y daba órdenes cada vez más alucinadas a unas divisiones ya inexistentes. Goering entendió que el gran jefe no estaba en sus cabales, y reunió a algunos jerarcas de segunda fila en una conjura para reemplazarlo. Su principal carta era un decreto secreto de 1941, en el que el Führer disponía que, en caso de incapacidad o muerte, Hermann Goering debía susti-

Hermann Goering, Rudolf Hess, Joachim von Ribbentrop, Wilhelm Keitel, Karl Doenitz, Erich Reader, Baldur von Schirach y Fritz Sauckel en el banco de acusados durante el juicio de Núremberg.

tuirle en el poder. El propósito del plan era llegar a un acuerdo separado con Estados Unidos e Inglaterra, o sea, repetir la antigua «locura» protagonizada por Rudolf Hess, pero con mayor sensatez y oportunidad. Dado que su principal adversario, Martin Bormann, actuaba como cancerbero que filtraba las visitas al búnker, Goering envió un telegrama a Hitler pidiéndole que le confirmara si debía hacerse cargo del liderazgo total de Reich. Agregaba que si no recibía respuesta antes de las diez de la noche de ese mismo día, consideraría que el Führer estaba incapacitado y asumiría igualmente todo el poder. El telegrama fue interceptado por Bormann, que con fingida e insidiosa indignación se lo entregó a Hitler. Éste reaccionó con uno de sus descontrolados ataques de furia, y en su respuesta a Goering lo calificó de traidor y le informó de que quedaba destituido de todos sus cargos y expulsado del NSDAP, decisión que también hizo constar en el testamento que redactaba en esos días.

Aunque no hay pruebas de que Hitler ordenara la ejecución de Goering, Bormann decidió llevarla a cabo por su cuenta. Ordenó a los SS que arrestaran y fusilaran al ex mariscal y toda su familia, pero en lugar de hacerlo, los eventuales captores huyeron junto a los Goering de los tanques soviéticos y abandonaron Berlín. Finalmente Hermann Goering se entregó a los americanos el 9 de mayo de 1945. Al año siguiente se convirtió en el más notorio de los jerarcas nazis acusados por el Tribunal de Núremberg, que con su astuta e histriónica actuación se ganó a una parte del público y llegó a poner en apuros al fiscal Robert H. Jackson, a quien obligó a cambiar su estrategia y presentar nuevos testigos de cargo. Tal vez Goering ya sabía que afuera, en las sombras de la clandestinidad, tres agentes secretos del nazismo le preparaban el «gran finale» de su larga y pomposa representación.

Josef Goebbels: el propagandista de la infamia

La noticia de que los rusos estaban ya entrando de Berlín desesperó a los ocupantes del *Führerbunker,* el amplio refugio antibombas construido en el subsuelo de la Cancillería. En una de sus estancias privadas, Adolf Hitler disparó su pistola en la sien de su flamante y temblorosa esposa, Eva Braun. Luego, cumpliendo su designio, descargó otra bala contra sí mismo y murió en el acto. Era el 30 de abril de 1945.

Al atardecer del día siguiente una escena aún más trágica se desarrolló en las habitaciones que ocupaba la familia Goebbels, en el piso alto del

Cartel de propaganda
de las Juventudes Hitlerianas.

búnker. Rechazando los ruegos de la enfermera Erna Flegel, *frau* Goebbels vistió a sus hijos (un varón y cinco niñas) con impecables pijamas blancos. Luego los llevó a acostarse y los despidió uno a uno con un beso de buenas noches. Unos minutos después entró en el cuarto nuestro conocido doctor Stumpfegger, acompañado del propio Goebbels y de un oficial de las SS. El médico llevaba una bandeja con seis dosis mortales de cianuro, y miró a la madre con un gesto interrogativo. Magda Goebbels dirigió una rápida mirada a su esposo, que asintió con un rictus imperceptible. Todo estaba perdido, el Führer había muerto, el enemigo que ocupaba la ciudad llegaría en cualquier momento y sus hijos no debían caer en manos de los rusos. Stumpfegger cumplió con su labor, se oyó algún gemido infantil y luego la estancia quedó en silencio. El matrimonio Goebbels salió al corredor cogido de la mano. Como estaba convenido, el oficial que los acompañaba desenfundó su Luger y los ultimó con dos precisos disparos. Ése fue el terrible final de la supuesta «familia modelo» del nazismo; un matrimonio unido, ario, con varios hijos rubios de ojos azules, que mostraba su felicidad como ejemplo a seguir en los noticiarios, publicaciones y carteles que producía el propio Josef Goebbels como ministro de Propaganda del III Reich. Aunque, como veremos, tal familia perfecta era una patraña más de este maníaco y extraviado personaje.

Paul Josef Goebbels nació en Rheydt (Westfalia) el 29 de octubre de 1897. Su padre, Friedrich, era un contable bien situado y ferviente católico, al igual que la madre, Maria Oldenhausen. Cuando contaba cuatro años el pequeño Josef contrajo una poliomielitis que le dejó una pierna más corta que la otra, por lo que debió llevar toda su vida un zapato ortopédico en su pie derecho. Esa cojera le impidió ser aceptado por el ejército, cuando se presentó como voluntario para luchar en la primera guerra mundial. En los años siguientes se dedicó al estudio y pasó sucesivamente por ocho universidades, en las que cursó diversas disciplinas humanísticas. En 1921 obtuvo en la de Heidelberg el doctorado en filología germánica, con una tesis sobre la obra de Wilhelm von Schütz. Josef Goebbels era poco atractivo físicamente, con un rostro que mostraba unos rasgos huesudos y cadavéricos. No obstante, fue siempre un mujeriego, no sólo empedernido sino también exitoso.

Decidido a dedicarse al periodismo y la literatura, Josef Goebbels publicó varios artículos en revistas de escasa tirada, y la novela *Michael*, que pasó sin pena ni gloria. Fascinado por la exaltada oratoria milenarista de Adolf Hitler, en 1922 se afilió al NSDAP. Él mismo era un dotado orador,[2] que se ganó la admiración del líder nazi y una posición destacada en su corte de adeptos. El Führer le encargó en 1926 la reorganización de la sección regional del NSDAP en Berlín, al tiempo que se desempeñaba como secretario de Propaganda del partido. En esa época inició un romance con Magda Quandt, una aristócrata divorciada y madre de un hijo pequeño, con la que se casó en 1931, con el mismísimo Adolf Hitler como padrino de boda. Un dato curioso es que Magda, una racista fanática, había sido criada por un padrastro judío, al que le negaría su ayuda para evitar que lo enviaran a la muerte en Buchenwald.

La designación de Hitler como canciller en 1933 produjo entre los jerarcas de su pandilla una disputa por los cargos de Gobierno. Josef Goebbels obtuvo el Ministerio de Propaganda e Ilustración Popular, que ni

2. El propio Führer reconocía la brillante oratoria de Goebbels. Éste llegó a pronunciar algunos discursos importantes, como la famosa arenga a favor de la «guerra total» del 18 de febrero de 1943.

El ministro de Propaganda era un hombre de gran talento para persuadir a las masas.

Goering, Hess o Bormann osaron solicitar. Desde ese puesto, relativamente modesto, Goebbels creó un gran aparato propagandístico de la doctrina del III Reich, ensalzando la figura del Führer hasta el punto de presentarlo como un semidiós iluminado e infalible. Organizó las manifestaciones multitudinarias formadas con orden prusiano en grandes espacios abiertos, que exhibían enormes banderas y estandartes con la cruz gamada, frente a una tarima elevada ocupada por Hitler y su camarilla. Goebbels utilizó machaconamente la radio y apeló a técnicas novedosas, como los noticiarios cinematográficos y los filmes «documentales». Sus declaraciones no ocultaban el engaño de sus trucos: «Una mentira, repetida con habilidad mil veces, se convierte en una verdad», expresó en una ocasión.

Las amargas lágrimas de Lida Baarova

Lida Baarova, en el centro de la imagen, junto a Adolf Hitler.

Es posible que Hitler y *frau* Goebbels salvaran la vida de Lida Baarova al enviarla a Checoslovaquia. La ex actriz sobrevivió en Praga a la guerra y al nazismo, pero no consiguió retomar su carrera en tiempo de paz. En su país se la despreciaba por su relación con un jerarca del III Reich; y el público alemán, convertido por arte de magia en antinazi, tampoco quiso saber nada de ella. Lida se marchó a América y vivió varios años en Argentina, donde no se conocía su pasado, sumida en la tristeza y la miseria. En la década de 1950 regresó a Europa e intentó recuperar su carrera artística. Aunque no consiguió el retorno triunfal que había soñado, intervino en filmes de prestigio, como *Los inútiles* (1953), de Federico Fellini, o *Las amargas lágrimas de Petra von Kant* (1972), de Fassbinder. Lida Baarova murió en la pobreza en Austria en el año 2000, quizá sin haber podido olvidar al pequeño nazi gritón que destrozó su vida.

Con ese lema por bandera y un colosal aparato de propaganda, Josef Goebbels llegó a ser una figura clave en la escalada totalitaria del nazismo en la década de 1930, y después apoyando el triunfalismo criminal del Reich en la segunda guerra mundial. Su odio enfermizo se centraba en los judíos, los gitanos, los comunistas, los homosexuales, los eslavos y, en general, todo lo que fuera extranjero, o extraño al delirante ideario nazi inspirado en el racismo ario y las mitologías germánicas.

En junio de 1936 debían tener lugar los Juegos Olímpicos de Berlín, en principio, un escaparate ideal para exhibir la poderosa Alemania del III Reich ante el resto del mundo. Pero el ministro de Propaganda no estaba tan seguro de que hubiera que convertir esos juegos en una exaltación prepotente del nacionalsocialismo. En opinión de Goebbels, esto podía prevenir a las naciones europeas sobre el inocultable belicismo latente en la doctrina nazi, y el evidente racismo que la impulsaba. Hitler, que quizá ya pensaba en «recuperar» los Sudetes y en anexionarse Austria, estuvo totalmente de acuerdo. Los libelos antijudíos fueron reemplazados por optimistas carteles sobre la juventud y el deporte, y el Reich fue presentado como un bastión contra el comunismo y las ideas disolventes que amenazaban a Europa.

Hacia fines de 1937 Goebbels quedó prendado de la excelente actriz checoslovaca Lida Baarova, que era además una auténtica belleza. Magda, entre parto y parto, mantenía a su vez un *affaire* con uno de los secretarios de su esposo. Pero tanto ella como su amante eran prácticamente desconocidos para el gran público, mientras que el ministro de Propaganda del Reich y la gran actriz de moda eran figuras notorias y contradictorias en el ámbito de la Alemania nazi. Magda presentó sus quejas directamente a Hitler, y éste ordenó a Josef que cortara su relación con Baarova, que además de artista era checa, es decir, una eslava perteneciente a una raza inferior. Pero Goebbels no quiso renunciar a su gran pasión, y planeó dejarlo todo y fugarse con Lida a Japón, un país aliado y lo bastante lejano. La Oficina de Inmigración controlada por la Gestapo le negó la renovación del pasaporte, mientras Magda rogaba a Hitler que expulsara de Alemania a su rival, enviándola a su país de origen. Sin su amada Lida y enemistado con el Führer, Goebbels hizo un frustrado intento de suicidio en octubre de 1938. Josef y Magda siguieron fingiendo su papel de matrimonio perfecto, en los actos oficiales, la prensa y los noticiarios. Pero era sabido que la feliz fotografía familiar había sido rasgada.

Como ya sabemos, entre el 9 y el 10 de noviembre de ese mismo año 1938 tuvo lugar en toda Alemania la *Kristallnacht*, primer pogromo vandálico masivo de las bandas SS contra las personas y bienes de los judíos. En esa «noche de los cristales rotos» Josef Goebbels no rompió ni un solo vidrio. Él no era un hombre de acción, sino un demiurgo intelectual, dedicado a manipular las mentes de las masas. Eso fue lo que hizo en las semanas previas a la agresión, plagando las ondas y las páginas del régimen de acusaciones falsas y arengas antijudías. Así preparó la justificación del brutal ataque a ciudadanos pacíficos, a los cuales presentó como demonios que chupaban la sangre del pueblo alemán. La falacia no era nueva, pero había que repetirla, exagerarla, machacarla, hasta que la gente aceptara cualquier cosa, por terrible que fuera. Y otra vez, y otra más, desde las deportaciones a los campos hasta las cámaras de gas.

Una vez cumplido el infame asalto, la máquina propagandística de Goebbels hizo una hábil pirueta. Difundió que ni el Gobierno del Reich ni las SS habían tenido nada que ver con la *Kristallnacht*, perpetrada por bandas espontáneas e incontroladas. La versión iba dirigida principalmente a la opinión pública extranjera, pero también al público interior, tanto judío como no judío: sugería que el III Reich no siempre podía controlar las agresiones a los judíos, provocadas por el odio que su maldad suscitaba en los ciudadanos alemanes. En síntesis, Goebbels había jugado con dos mentiras superpuestas (la malignidad intrínseca de los judíos y la reacción espontánea y legítima del pueblo), para obtener una mayor cohesión y apoyo de las masas a los designios criminales del nazismo.

Con esa obra maestra de propaganda, que logró justificar y aprovechar la barrabasada de la *Kristallnacht*, Goebbels no sólo mantuvo su ministerio sino que recuperó su amistosa relación con Adolf Hitler. Éste, después del asunto con Baarova, nunca volvió a considerar a Josef un esposo modelo, un padre de familia ejemplar y un dechado de virtudes hogareñas. Pero no dejó de respetar su notable talento publicitario y su irrenunciable fidelidad a su persona. Sabía que Goebbels estaría junto a él siempre que lo necesitara, y también que lo necesitaría cada vez más.

Durante la segunda guerra mundial y la ocupación alemana de casi toda la Europa continental, Goebbels extremó el uso de la radio como instrumento de confusión y desinformación. Sus emisiones, tanto hacia el interior de Alemania como hacia los países ocupados, presentaban la imagen de un III Reich triunfal e invencible, que también se radiaba a las tropas aliadas en combate y a los campos de prisioneros de guerra. A partir de 1942, cuando las cosas empezaron a ir mal para las fuerzas del III Reich, sus ejércitos seguían siendo invencibles para la propaganda nazi. Goebbels ignoraba las derrotas o las convertía en victorias, y describía los repliegues en desbandada de los vencidos como retiradas estratégicas. A finales de aquel año la situación de Alemania, derrotada en Stalingrado y a punto de perder el norte de África, producía desaliento y derrotismo en el ejército y la población civil. En la reunión de Casablanca los líderes de los países aliados decidieron no negociar con el Reich y aceptar solamente su rendición incondicional. Josef Goebbels tomó el toro por los cuernos, y el 18 de febrero de 1943 pronunció personalmente, en el Palacio de Deportes de Berlín, el famoso discurso llamando a la «guerra total». Su habilidad oratoria sacudió a la audiencia y provocó una especie de entusiasta delirio colectivo, que culminó sobre el último párrafo de la arenga:

> El Führer ha ordenado y nosotros le obedeceremos. En esta gran hora de contemplación y reflexión nacional, nosotros creemos en la firme e inquebrantable victoria final. La vemos ante nosotros, la vemos y sólo tenemos que tocarla. Debemos estar resueltos a subordinar todo ante ella. Ésa es la obligación de todos en esta hora crucial. Hagamos que nuestra consigna sea: ¡Pueblo levántate y haz que la tormenta se desate!

La tormenta efectivamente se desató, pero sobre Alemania. El Reich se desmoronó en unos pocos meses, ante el rápido avance de los aliados en los dos frentes. En la profundidad del *Führerbunker*, Paul Josef Goebbels ordenó que lo mataran junto con su familia. No lo hizo por dignidad, que nunca la tuvo, sino por cobardía ante el inminente castigo de sus crímenes.

A pesar de las siniestras intenciones de su prédica, muchos expertos en comunicación de masas reconocen que Goebbels fue un renovador del sentido de los mensajes publicitarios. Si antes de él la publicidad se centraba en ofrecer los productos que necesitaba la gente, después se dedicó a decirle a la gente qué productos necesitaba. En su caso, vendiendo el nazismo como panacea universal, y a los judíos, como seres malignos que debían ser exterminados. El engaño funcionó y el resultado fue el Holocausto, un acontecimiento que quebró la conciencia del devenir histórico, al desvelar un extremo aterrador y desconocido de la crueldad humana.

9

John Demjanjuk ¿El último nazi?

Dicen que a los 90 años es demasiado viejo para ser deportado. Sus 29.000 víctimas hubieran deseado poder llegar a los 90 años.

Rabino MARVIN HIER, Centro Simon Wiesenthal

En 1983 la Corte del Distrito Norte del estado de Ohio despojó de la ciudadanía americana a John Demjanjuk, trabajador de la industria automotriz. La sentencia respondía a la investigación de la Fiscalía sobre un pedido de extradición de Israel, que presumía que el acusado era «Iván el Terrible», un ex guardia ucraniano del *lager* de Treblinka, conocido por su ensañamiento y su crueldad. Demjanjuk no negó que su nombre original fuera Iván, ni que había nacido en Ucrania en 1920, tal como constaba en su documentación de identidad. Pero su versión del papel que había desempeñado durante la guerra era totalmente distinta. Según él, en 1941 el ejército soviético lo había reclutado a la fuerza ante la invasión alemana, y al año siguiente cayó prisionero de los nazis. Alegó que desde entonces y hasta el fin del conflicto estuvo recluido en un campo de trabajos forzados. Por el contrario, el informe del fiscal sostenía que se había ofrecido a los nazis como colaborador voluntario, y que junto a otros prisioneros ucranianos había sido entrenado en el cuartel de las SS en Trawniki (Polonia), para trabajar como guardia en los campos de concentración y exterminio.

En 1944, haciéndose pasar por uno más de los muchos prisioneros liberados por los aliados, Demjanjuk obtuvo un salvoconducto como DS, o «desplazado». En esa situación pidió una autorización para emigrar a Argentina, que le fue denegada. En los años siguientes pasó por una decena de campamentos para refugiados, hasta que pudo entrar en Estados Unidos en 1952. Allí cambió su nombre por el de «John», comenzó a trabajar en el sector del automóvil, y formó una familia. Basándose en esta inocente y victimista historia, el acusado inició una serie de apelaciones sin resultado y acabó siendo deportado al Estado judío el 28 de febrero de 1986. En noviembre de ese mismo año se inició en Tel Aviv su juicio por un tribunal especial, que en abril de 1988 lo condenó a la horca bajo la ley israelí que establecía el castigo para los criminales nazis y sus colaboradores.

Las vueltas de la justicia

El reo pasó cinco años en la celda de la muerte, a la espera de que se fijara la fecha de su ejecución. Durante ese lapso, la defensa consiguió más documentación exculpatoria de Demjanjuk, como las actas de los tribunales soviéticos que juzgaron a los guardianes de Treblinka después de la segunda guerra mundial, y declaraciones firmadas por otros ex guardianes ucranianos y por sobrevivientes de los campos. Esas nuevas pruebas no aludían al condenado, pero exponían claramente que el verdadero nombre del guardia de Treblinka apodado «Iván el Terrible» era Nikolai Marchenko y, por lo tanto, no podía haber sido Iván Demjanjuk. Una vez elevada la apelación correspondiente, la Corte Suprema de Israel revocó la sentencia en

Documento identificativo de Iván Demjanjuk.

julio de 1993, anulando por tanto la orden de ejecución del reo, que fue liberado sin cargos. Demjanjuk regresó a Estados Unidos y en 1998 recuperó su ciudadanía, aunque no por mucho tiempo.

Al año siguiente la policía de Múnich obtuvo un carné de identificación de las SS a nombre de Iván Demjanjuk, que lo identificaba como guardia voluntario en el campo de Sobibor. El Gobierno alemán solicitó su extradición, bajo el cargo de participación en el asesinato de 29.000 personas en las cámaras de gas, entre marzo y septiembre de 1943. Demjanjuk reaccionó insistiendo en la historia «blanca» de su paso por la guerra. Ante la exhibición del documento SS, acabó admitiendo que había trabajado para los nazis como chófer civil ocasional, a cambio de una pequeña paga en *zlotis* (dinero polaco), pero no como miembro del personal del campo. En la vista previa la defensa sostuvo que el acusado no había cometido ningún delito en Alemania sino, eventualmente, en Polonia. A su vez Domjanjuk inició un pleito contra el Gobierno, exigiendo una indemnización de cinco millones de dólares por el daño psíquico y el desprestigio social causado a su persona por esas acusaciones falsas. El magistrado Paul Matia, juez del distrito correspondiente, rechazó esa alegación sobre la base de la doctrina de la inmunidad del Gobierno de los Estados Unidos, y el proceso de extradición siguió su curso. En el mes de marzo de 2009 se dictó sentencia ordenando la deportación a Alemania de John Demjanjuk. El 14 de abril los funcionarios de la Oficina de Inmigración se personaron en su domicilio de Cleveland, para efectuar los preparativos del viaje. Ese mismo día el hijo de Demjanjuk, John Jr., presentó un suplicatorio ante la Corte de Apelación del Distrito, solicitando que se postergara el traslado en razón de la avanzada edad de su padre (cumpliría 90 años el mes siguiente) y su delicada salud. La Corte aceptó detener el viaje, pero el Gobierno declaró que ese tribunal no tenía atribuciones para aceptar un recurso ya denegado por la Junta de Inmigración.

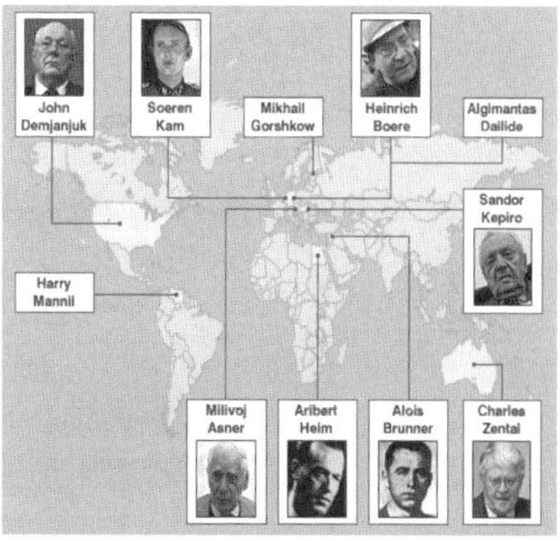

Mapa con los nombres y las fotografías de los nazis más buscados, entre ellos John Demjanjuk. Centro Simon Wiesenthal.

El avión especial que llevó a Domjanjuk a Alemania tomó tierra en el aeropuerto de Múnich el 12 de mayo de 2009, cuando la noticia de su extradición ya había provocado un gran revuelo en los medios de comunicación de todo el mundo. La mayoría de ellos se centraron en resaltar que era uno de los criminales nazis más buscados, por su responsabilidad en la muerte de 29.000 víctimas del exterminio judío. Pero muchos llegaron a destacar aún más que el acusado era un anciano nonagenario, que sería juzgado por delitos ocurridos hace más de seis décadas. Esa aparente compasión por un hombre muy viejo y tal vez enfermo ocultaba en algunos casos la intención de no traer nuevamente al primer plano el genocidio nazi, en apoyo —voluntario o no— de las posiciones negacionistas sobre la *Shoah*.

Pero los crímenes contra la humanidad no tienen plazo de prescripción, y la evaluación de si Domjanjuk podía o no soportar un juicio estaba ahora en manos de la justicia alemana. Una primera revisión médica permitió que el imputado fuera ingresado en la prisión muniquesa de Stadelheim, con todas las previsiones y controles necesarios. Mientras tanto, un equipo de medicina forense debía determinar si su salud podría soportar un proceso que previsiblemente duraría varios meses. Según parece, Domjanjuk es un hombre no

Memorial de Treblinka.

Un testigo de cargo

Kurt Gutmann, uno de los testigos en el juicio contra Demjanjuk.

Kurt Gutmann era un niño judío alemán de 12 años cuando en junio de 1939 su madre, Jeanette, advertida por la expulsión de la escuela de otro de sus hijos, Hans, lo embarcó en un tren rumbo a Escocia. Allí había marchado ya su hermano mayor, Fritz, al que Kurt no pudo encontrar al llegar. Fue entonces acogido en un orfanato, pasó diversas desventuras y finalmente se alistó en el Black Watchers («Vigilantes Negros») de Lockerbie, un regimiento escocés llamado así por el color dominante de su divisa. Al acercarse el fin de la guerra, Gutmann trabajaba como intérprete bilingüe entre el inglés y el alemán.

Mientras tanto su madre y su hermano Hans habían sido deportados en 1942 al campo de trabajo de Izbica, cerca de Lublin, en Polonia. El pesado trabajo y el trato brutal dejaron exhausta a Jeanette, y ambos fueron enviados a Sobibor. Mucho más tarde Kurt pudo saber que en el verano de 1943 integraron una larga fila que avanzaba hacia las cámaras de gas. Los conducía un guardia ucraniano llamado Iván Demjanjuk, que antes de hacerlos entrar les anunciaba con voz zalamera que iban a recibir una ducha. «Espero vivir lo bastante para ver a Demjanjuk recibir lo que merece», dice hoy Gutmann a sus 82 años. Conmovido, recuerda que su madre, al despedirlo en la estación de Manheim, le había pedido que si todo salía bien intentara volver a reunirse con ella. En 1948 Kurt se había establecido en Berlín Oriental, y no pudo saber nada de su familia hasta la caída del muro, en 1989. Pudo así comprobar en los archivos nazis la muerte de Jeanette y Hans en Sobibor, lo que lo impulsó a tomar contacto con otros supervivientes, que le contaron la historia de Demjanjuk. Actualmente Kurt Gutmann forma parte del puñado de testigos de cargo convocados por el fiscal Winkler, y aceptó impaciente su llamamiento a Múnich.

Participantes en el alzamiento
en el *lager* de Sobibor.

sólo sano, sino bastante fuerte para su edad. Tras practicarle las pruebas y estudios pertinentes, el comité médico no encontró motivos graves de salud que impidieran someterlo a juicio. La única condición preventiva es que sólo haya dos sesiones diarias de 90 minutos, una por la mañana y otra por la tarde, más en atención a la ancianidad del acusado que a su estado de salud.

El proceso debe celebrarse ante la Audiencia de Múnich, que ya retrasó su inicio anunciado en principio para septiembre, a una fecha imprecisa antes del fin del año 2009. Günther Maull, el abogado de Demjanjuk, ha declarado que su línea de defensa se basará en la ya conocida historia de víctima inocente que siempre sostuvo su defendido; en la endeblez de las pruebas de la Fiscalía, cuya autenticidad considera discutible; así como en la competencia de la justicia alemana para juzgar un presunto delito cometido en Polonia. Por su parte, el fiscal, Anton Winkler, mantendrá que en 1943 Polonia formaba parte del territorio del III Reich alemán, y estaba regida por un Gobierno General integrado en su jurisdicción. La RFA fue legalmente la continuación del Reich, y por tanto tiene pleno derecho a juzgar los crímenes cometidos en Sobibor. Winkler piensa señalar que no existe ningún testimonio de que Demjanjuk haya sido trabajador esclavizado o chófer mal pagado por los nazis, mientras reforzará sus propias pruebas con una orden SS que registra el traslado al campo de Sobibor de Iván Demjanjuk, de 22 años, para trabajar como guardián, aparte de con varios supervivientes que confirmarían la identidad del acusado.

La causa contra Demjanjuk se inició en Múnich el 30 de noviembre de 2009, cuando el autor estaba a punto de terminar este libro. El acusado se presentó ante el tribunal en una silla de ruedas, provocando una nueva postergación. Si el juicio llega a concretarse puede llevar cuatro o cinco meses, y si como se prevé, John Denjanjuk es declarado culpable, deberá afrontar una condena de entre tres y quince años, que seguramente cumpliría en prisión domiciliaria debido a su edad. Si por alguna razón lograra quedar en libertad, sin duda Estados Unidos no permitiría su entrada en el país, y serían los contribuyentes alemanes quienes deberían mantenerlo por medio de una pensión.

Pero más allá de su destino futuro, inevitablemente breve, el caso de este nonagenario plantea una realidad evidente: la biología es reacia a los milagros, y la edad de los nazis fugitivos ronda hoy los 90 o 95 años. El acusado de Múnich tal vez no sea el último nazi, pero simboliza la extinción de esos fugitivos aborrecibles. Algunos fueron atrapados, juzgados, encarcelados o, en pocos casos, ejecutados. Pero la gran mayoría permaneció en libertad durante todo el tiempo que les quedó de vida. Ese tiempo se está acabando, y con él los plazos concedidos a sus perseguidores. Todos ellos cumplieron con valentía y tenacidad la misión emprendida. En su reconocimiento sólo podemos hacer una cosa: no olvidar.

Tercera parte

Los médicos diabólicos

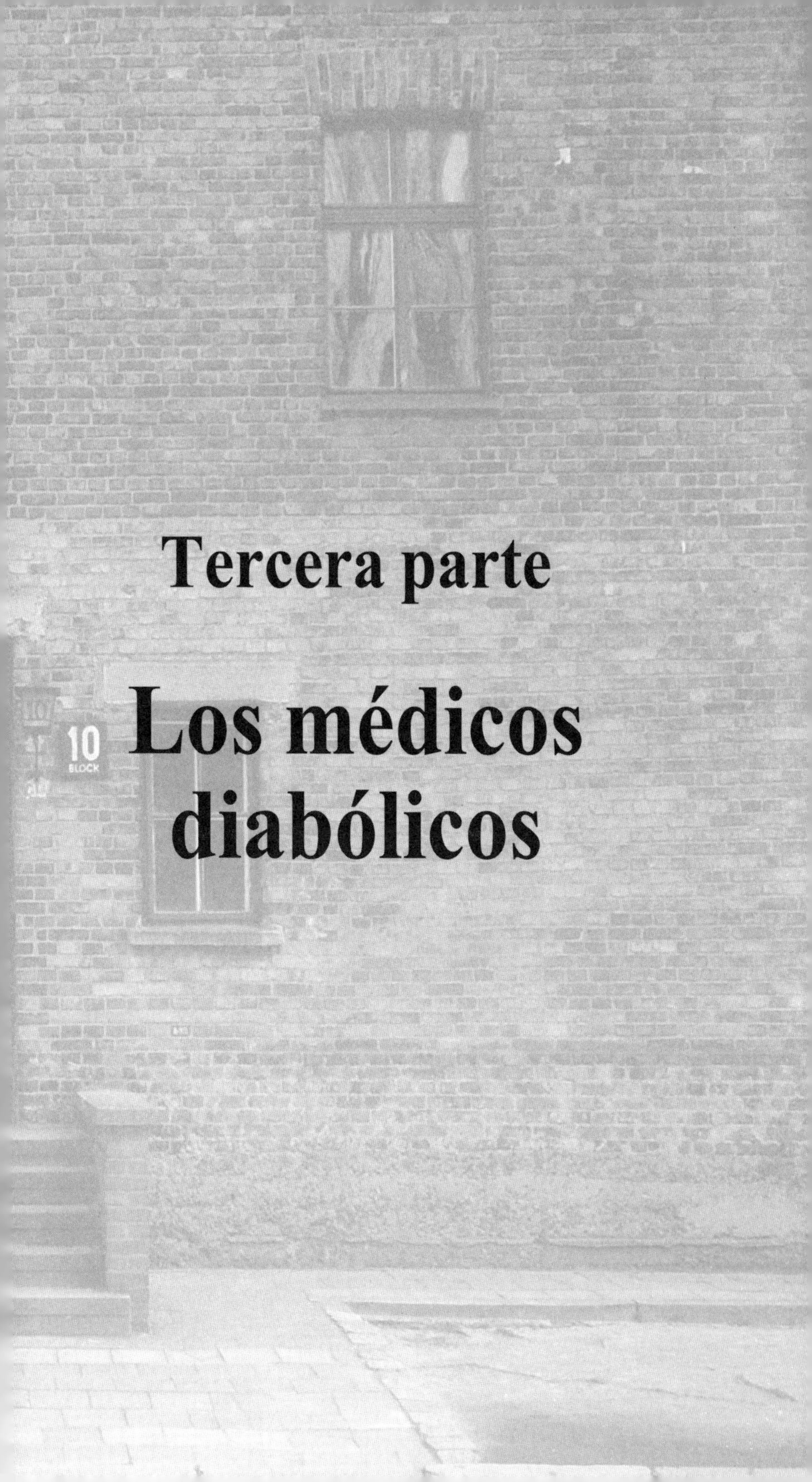

10

Josef Mengele
El perverso Ángel de la Muerte

> Nunca acepté la idea de que Mengele creía
> que estaba haciendo una investigación científica.
> Él sabía que sólo estaba demostrando su poder.
>
> ALEX DEKEL, superviviente de Auschwitz

Las luces mortecinas de las farolas apenas alumbraban el apeadero de Birkenau, el campo de exterminio anexo a Auschwitz. Aún no había amanecido, y el tren de carga permanecía quieto y cerrado, ante la fila de guardias adormilados que tiritaban en el andén. Desde el interior llegaban voces apagadas, algún grito contenido, un llanto infantil. Entre los intersticios del entablado de los vagones se veían retales de los ocupantes: unas gafas fugaces, unos dedos, la barba de un anciano, una mirada huidiza. Un sargento de las SS ordenó abrir los portones, y esos seres fantasmales fueron bajando del tren. Algunos llevaban un niño en brazos o aferrado de la mano; casi todos cargaban un bulto, una maleta, un atadillo anudado deprisa. Los guardias los obligaron a dejar esos enseres en el suelo, y luego desfilar uno a uno ante el oficial encargado de asignarles su destino.

Aquel día ese oficial era el capitán médico Josef Mengele, un joven de poco más de treinta años, bien parecido y de buena planta, con un uniforme de corte perfecto y las botas relucientes sobre el suelo embarrado. Al contrario que sus colegas cuando les tocaba hacer la selección de prisioneros, se encontraba totalmente sobrio, y su rostro impasible no reflejaba odio ni ferocidad, sino un aparente desinterés por aquella labor rutinaria. Inmóvil, callado, indicaba con un leve gesto de la mano el destino de cada figura que se plantaba frente a él. Los hombres fuertes y sanos eran dirigidos al campo de trabajo; las mujeres, niños, ancianos y enfermos a las «salas de duchas», eufemismo para designar las cámaras de gas. Había no obstante una tercera opción: los gemelos. En ese tren habían llegado tres pares, entre ellos dos jóvenes húngaros idénticos, apenas salidos de la adolescencia. Sus rostros eran de una belleza perfecta, sus cuerpos atléticos y bien proporcionados, como los de las estatuas griegas. El sargento los llevó frente a su superior, anunciando lo evidente: «Zwillings, herr Doktor».

El médico de Auschwitz contempló fascinado a los guapos gemelos. Aunque fueran judíos, o tal vez gitanos, tenían el pelo rubio dorado y los ojos del apropiado color azul que exigía el arquetipo de la raza superior. Ese accidente genético los convertía en sujetos ideales para los extraños experimentos que venía realizando Mengele con los gemelos que llegaban al campo. Su obsesión era encontrar una forma científica de aumentar los nacimientos dobles univitelinos, para reproducir en más cantidad individuos de pura raza aria, así como confirmar desde la genética la absoluta superioridad de ésta sobre las razas inferiores. Para sus experiencias no sólo utilizaba los gemelos, sino también a individuos judíos y gitanos afectados por taras físicas y mentales, para demostrar su supuesta degeneración racial. Todos eran sometidos a tortuosos experimentos y luego eliminados si continuaban con vida. Por esos infames asesinatos y su semblante beatífico, en el *lager* lo llamaban «el Ángel de la Muerte».

Los hermanos húngaros fueron trasladados a las dependencias del laboratorio de Mengele. Allí se les duchó, en este caso sólo con agua y jabón, y luego los llevaron ante la presencia del maligno investigador. Éste, con su equipo de colaboradores forzosos (médicos y enfermeros prisioneros) inició allí mismo el proceso de examen. Sólo el minucioso estudio de las cabezas llevó varios días; luego les hicieron radiografías de todo el cuerpo, y les introdujeron dolorosas sondas por la nariz y la garganta, por las que vertieron diversos productos químicos. Siguió una ventilación pulmonar con un gas que les produjo una severa bronquitis. Los esputos fueron cuidadosamente recogidos y reservados para ser analizados. El paso siguiente consistió en prolongadas sesiones fotográficas de cada parte de la anatomía de los gemelos, en especial aquellas de abundante vello corporal. Lejos de ser un descanso, esas sesiones de fotos representaron una nueva tortura. Los sujetos debían permanecer inmóviles durante horas, de pie, agachados, arrodillados o en posturas forzadas, mientras les fotografiaban una y otra vez las distintas zonas del cuerpo, en especial las más pilosas.

Al día siguiente de la última sesión fotográfica los hermanos húngaros fueron despertados antes del amanecer. Llevados a una estancia especial, los obligaron a meterse en una cuba llena de agua casi hirviendo. Cuando la temperatura de sus cuerpos hubo alcanzado el límite de lo resistible, Mengele les ordenó salir y echarse sobre unas tablas. En esa posición los ayudantes comenzaron a depilarlos tratando de conservar la raíz de cada pelo, para lo cual cada tanto los enviaban nuevamente a la cuba de agua hirviente. Según el médico judío sobreviviente que relató este caso, los gritos que lanzaban los gemelos eran tan desgarradores, que Mengele los hizo amordazar para la siguiente operación. Ésta consistió en propinarles varios enemas de dos litros, antes de someterlos sin anestesia a un sangriento examen anal del tracto intestinal, que les produjo un descenso del recto al exterior. Luego vino una humillante y casi insoportable inspección urológica, en la que les extrajeron muestras de tejido del escroto, la próstata y los riñones. Durante los dos días que siguieron se obtuvieron varias muestras de semen, que dado el estado de sus genitales significaron una dolorosa y vejatoria tortura.

Los crueles exámenes médicos duraron tres interminables semanas. Después los hermanos húngaros fueron llevados a una habitación aislada, donde los esperaba el doctor Mengele. También se encontraban allí dos de sus colaboradores forzosos, que sostenían sendas jeringas con una fuerte dosis de cloroformo. A una indicación de su jefe, y exactamente al mismo tiempo, clavaron las agujas hipodérmicas en el corazón de cada uno de los gemelos. Murieron en el acto. Sus cuerpos fueron disecados y los órganos internos enviados al Instituto de Biología Racial y Evolutiva de Berlín, junto con las muestras de vello, esputos, semen y tejidos orgánicos de esos chicos cuya hermosura había fascinado al Ángel de la Muerte.

El ángel echa a volar

Josef Mengele no era un médico chapucero ni un científico improvisado. Nacido en Günzburg en 1911 como hijo primogénito de un matrimonio de la alta burguesía bávara, disfrutó de las mejores oportunidades para estudiar y formarse con los más reconocidos investigadores alemanes de principios del siglo XX. Estudió en la Universidad de Múnich, donde en 1935 obtuvo el doctorado en antropología. Su tesis doctoral, dirigida por el profesor Theodor Morrison, trató sobre «Las diferencias raciales en la estructura de la mandíbula inferior». Al año siguiente se trasladó a Fráncfort, en cuyo Instituto de Biología Hereditaria e Higiene Racial trabajó como asis-

Mengele, en el centro de la imagen, en Auschwitz.

tente del aristocrático Otmar von Verschuer,[1] célebre patólogo dedicado a sustentar «científicamente» los delirios racistas del régimen nazi. En 1938 Josef Mengele se doctoró en medicina, con una tesis sobre la incidencia hereditaria en la fisura labial-mandibular-palatina.

Mengele no seguía sólo por interés científico las teorías e investigaciones de von Verschuer, de evidente sustrato racista. Ya en 1932, con 21 años, se había apuntado a la Liga de Soldados de Vanguardia «Casco de Acero» (*Stahlhelm, Bund der Frontsoldaten*, SBF), una agrupación juvenil de carácter fascista. Al año siguiente la SBF fue incorporada a las SA de Ernst Röhm, y poco después Mengele se dio de baja alegando motivos de salud. En 1926 había sufrido una osteomielitis, que en ese momento se encontraba ya estabilizada. Por lo tanto, es muy probable que su salud fuera sólo una excusa para desvincularse de Röhm, un combativo homosexual que lideraba el ala «izquierda» del NSDAP, propugnando profundizar el proclamado socialismo del ideario nazi. Mengele, que era un individuo as-

1. El doctor barón Otmar von Verschuer fue «desnazificado» en 1946 y continuó sus investigaciones genéticas en Alemania durante dos décadas, con el apoyo económico de la Fundación Rockefeller y el reconocimiento de las principales instituciones científicas de su especialidad.

tuto, sin duda intuyó que ambas inclinaciones acabarían pasándole factura a Röhm, como realmente ocurrió al año siguiente en la sangrienta «noche de los cuchillos largos».

El discípulo preferido de von Verschuer pasó dos años entregado exclusivamente a su trabajo de laboratorio, quizás a la espera de que se despejara el panorama político. El envío de tropas del Reich a Renania en 1936 convenció a Mengele de que Hitler se proponía realmente ir a la guerra para expandir el Reich e imponer su doctrina racista. Se apresuró entonces a afiliarse al Partido Nazi, y en 1938 ingresó en las SS. Al año siguiente, pese a ser su familia católica, contrajo matrimonio con la joven luterana Irene Schönbein. El estallido de la contienda lo alejó tanto de su nuevo hogar como del instituto del barón von Verschuer, al ser destinado a un regimiento de cazadores de montaña (*Gebirgsjäger*). Poco tiempo después, en atención a su prestigio y profesión, fue trasladado de regreso a Berlín como miembro del cuerpo médico de reserva. En 1941 Hitler ya había culminado la conquista de la Europa occidental, y lanzó la poderosa invasión de la Unión Soviética. Mengele fue asignado a la famosa división motorizada Viking, de las Waffen-SS, y se instaló en Ucrania con su mujer y su hijo.

Una noche de junio de 1942 el teniente médico Josef Mengele protagonizó el único acto valeroso que registra su carrera. En medio de un combate cerca de Rostov, en el frente ruso, se arrastró hasta un tanque en llamas y consiguió rescatar del interior a sus dos tripulantes, pese a recibir un disparo en una pierna. Esa acción le valió obtener la Cruz de Hierro de primera clase al valor en combate, y ser ascendido al grado de capitán. Declarado inepto para luchar en el frente, pasó a formar parte del equipo de investigación médica, si así puede decirse, dirigido por el doctor Eduard Whirth en varios campos de concentración. Mengele fue destinado al complejo de Oswiecim, en Polonia, que los nazis habían rebautizado como Auschwitz.

Sobre el portalón de la entrada principal de Auschwitz había un lema escrito en hierro forjado que rezaba, con brutal ironía, «El trabajo hace libre» *(Arbeit Macht Frei)*. Al mediodía del 3 de mayo de 1943 el doctor Josef Mengele pasó por debajo de esa frase, que le provocó una tenue sonrisa. Aquel día comenzaba a desempeñar su puesto como médico investigador en Birkenau, también denominado Auschwitz II. Durante los 21 meses siguientes presidiría una dantesca orgía de tortura, de sevicia y de muerte, como el dragón de fuego de un tétrico apocalipsis.

El gabinete del espanto

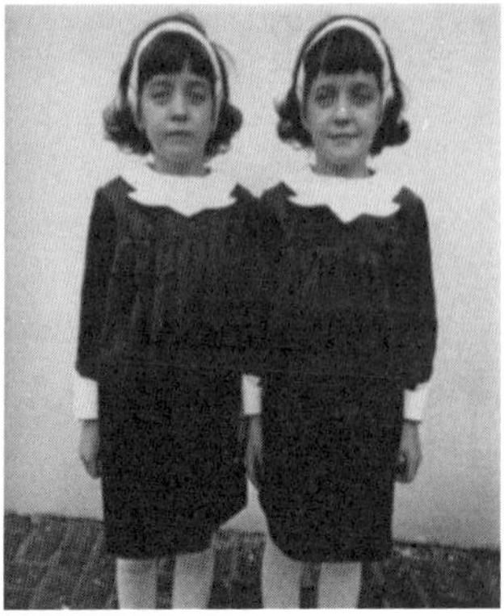

Para el «Ángel de la Muerte» resultaban especialmente interesantes los experimentos con gemelos.

Como ya hemos visto, el doctor Mengele sentía una mórbida atracción por los gemelos. Los que llegaban a Auschwitz eran encerrados en barracas especiales, donde permanecían a merced de los tortuosos experimentos ideados por el Ángel de la Muerte. Aquellos que no fallecían durante el proceso, eran liquidados al finalizar las pruebas para ser disecados (como los gemelos húngaros del relato anterior) o enviados directamente a las cámaras de gas. Sus preferidos eran niños o adolescentes de ambos sexos, en especial los más atractivos y bien formados, que antes de llegar al final inevitable pasaban un verdadero tormento que los iba convirtiendo en piltrafas humanas. Pese a que él tenía el cabello negro y los ojos oscuros, uno de los objetivos de Mengele era producir gemelos «arios», rubios y de pupilas azules. Con ese fin inyectaba distintos colorantes en los globos oculares de sus sujetos, que con frecuencia quedaban ciegos.

De acuerdo con los testimonios de internos sobrevivientes, Mengele sometía a los gemelos a amputaciones y otras carnicerías quirúrgicas sin anestesia, para estudiar sus tejidos y órganos internos. Por lo menos en una ocasión, y posiblemente en varias, unió a dos hermanos con costuras y les interconectó las venas, para crear un ser siamés artificial digno del doctor Frankenstein. Por efecto de esa monstruosa operación los niños contrajeron una severa infección, y Mengele se vio obligado a destruir a su criatura.

Si había algo que Mengele no podía soportar, eran las mujeres embarazadas. Aunque su esposa Irene le había dado un hijo varón, opinaba que los partos y los eventuales bebés no formaban parte del universo de Auschwitz. Las jóvenes que llegaban embarazadas eran enviadas a la muerte sin contemplaciones; y la misma suerte corrían las que luego llevaban en su vientre el fruto de una relación con los guardias, aunque fuera forzada. Mengele explicaba que eliminar a las futuras madres era en realidad un acto humanitario, porque en el *lager* no había medios para asistir un parto y cuidar del bebé. Esto obviamente no era cierto, pues entre los internos

Liliput en el *lager* de Auschwitz

En una ocasión cayó en manos de Mengele una familia gitana apellidada Ovitch, compuesta por siete adultos enanos y tres niños de estatura normal. Después de someterlos a algunos experimentos de baja intensidad, les permitió seguir viviendo, vestir sus propias ropas y comer un rancho aceptable. Seleccionó entre la población del campo algunos ex artistas de circo y de vodevil, que enseñaron a los Ovitch unos cuantos números y trucos de su oficio. Mengele los llamaba «mi *troupe* de Liliput» y los convirtió en la atracción principal de unas funciones que organizaba para sus camaradas de las SS. El programa solía consistir en un *sketch* cómico escrito por el propio Mengele; un interregno con música de Bach o Haendel, que interpretaba una orquestina de internos; y finalmente la actuación de los enanos, que hacían sus gracias totalmente desnudos. A veces, a petición del selecto público, Mengele los obligaba a copular entre ellos sobre el escenario. Cuando el Ángel de la Muerte se cansó de este divertimento, envió a todos los Ovitch a las cámaras de gas.

había numerosos médicos y personal de enfermería, por lo que se puede adjudicar esos crímenes a una aversión patológica de Mengele hacia la concepción de nuevos «seres inferiores». Las internas embarazadas intentaban con desesperación ocultar su estado, o librarse a tiempo de un feto que de todas formas estaba condenado. Entre los prisioneros había ginecólogos y matronas que practicaban abortos secretos arriesgando sus vidas, en condiciones deplorables de asepsia, y sin otro instrumental que sus propias manos.

Una joven prisionera consiguió llegar al séptimo mes de gestación, eludiendo la vigilancia de Mengele y sus secuaces. No hubo más remedio que dejar que el niño naciera poco después, sietemesino pero sano. El Ángel de la Muerte deseaba vengarse de aquella chica que lo había engañado, y le hizo vendar los pechos para que no pudiera amamantar a su bebé. Mientras el niño chillaba de hambre sin parar, ella se retorcía en un llanto desgarrado e impotente. Uno de los enfermeros no pudo resistir más esa situación, e inyectó al recién nacido una fuerte dosis de morfina que lo mató en el acto. Cuando Mengele fue puesto al tanto de lo ocurrido, ordenó la muerte de la joven madre y del enfermero que se había apiadado de ella.

Como jefe médico del campo, Mengele era responsable de la salud del personal y de los internos. Las condiciones higiénicas y sanitarias en que vivían estos últimos, así como su extrema debilidad, facilitaban la expansión de varias enfermedades infecciosas, que él trataba a su manera. Es decir, no intentaba curar al enfermo, sino que lo enviaba directamente a la cámara de gas y el cadáver se incineraba para impedir el contagio. En el verano de 1943 el propio Josef Mengele sufrió un ataque de fiebre tifoidea, del que tardó más de un mes en recuperarse. Desde ese momento el tifus se convirtió en otra de sus obsesiones paranoicas. Su nuevo tratamiento era drástico y sencillo: si alguien mostraba síntomas de haber contraído el mal, lo mandaba a las cámaras de gas, como acostumbraba. Pero el desdichado ya no iba solo, sino acompañado de todos los internos de su barraca, que luego era cuidadosamente desinfectada. Se calcula que el médico de Auschwitz utilizó este método profiláctico por lo menos treinta veces, durante los dos años que duró su estancia en el *lager*. En una ocasión ordenó la muerte de 750 mujeres internadas en una misma barraca, para evitar que se propagara una plaga de piojos.

Ojos en las paredes

Según una anécdota que corría por los barracones de Auschwitz, el doctor Mengele había tomado como amante a una joven interna que destacaba por su hermosura. Para disimular ante sus colegas que mantenía trato carnal con una judía, designó a la chica su ayudante. Como tal, la envió un día a buscar algo en su gabinete privado y le dejó la llave que lo mantenía siempre cerrado. Apenas atravesó la puerta, la joven comenzó a gritar paralizada de terror: en la media penumbra de la estancia, centenares de ojos la contemplaban desde las estanterías que cubrían las paredes.

El relato no cuenta cuál fue el destino de aquella muchacha judía. Hay otros testimonios de que el Ángel de la Muerte coleccionaba los globos oculares de sus víctimas, conservados en frascos de formol. Se dice que en una ocasión envió a su maestro, el barón von Verschuer, varias muestras de diversos colores.

El asesino escurridizo

Cuando el avance de los soviéticos por el este resultaba ya imparable, y las SS comenzaron a desmantelar las pruebas de lo que ocurría en Auschwitz, Josef Mengele se esfumó llevándose sus notas y dejando un saldo de 400.000 muertes, causadas por sus experimentos u ordenadas directamente por él. Su primera parada fue en el campo de Mauthausen, pero las tropas de la URSS se aproximaban ya a ese refugio, y Mengele escapó sin dejar rastro.

En aquel momento Alemania era un auténtico caos, en el que se confundían refugiados sin techo, militares desertores, nazis fugitivos y presos liberados de los campos que buscaban su antiguo hogar, todos vagando entre ciudades y pueblos en ruinas, por caminos en los que iban y venían sin rumbo definido tropas americanas, inglesas y soviéticas. Vestido de paisano y dando algunos rodeos, a Mengele no le resultó difícil regresar a

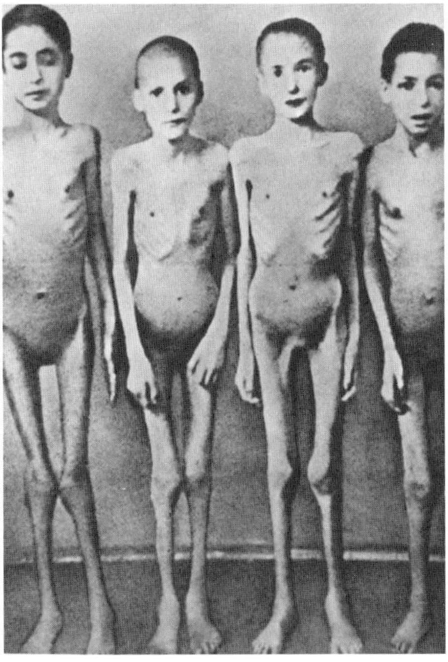

Mengele, junto con otros médicos del campo, solía esperar en el andén la llegada de los trenes para seleccionar a los judíos más aptos para el trabajo y la experimentación.

su ciudad natal de Günzburg, cuya población se había sostenido siempre, y aun entonces, de la fábrica de maquinaria agrícola de su familia. Irene había alquilado una casa en un pueblecito cercano, donde vivía con su hijo Rolf. Según parece Mengele pasó un tiempo con ellos, amparado por el silencio cómplice de sus paisanos.

El nombre de Josef Mengele y sus barbaridades en Auschwitz salieron a la luz en algunos testimonios del Juicio de Núremberg. Según ciertas fuentes, tanto la inteligencia de Estados Unidos como los servicios británicos intentaron captarlo para la Operación Paperclip, en atención a sus investigaciones sobre eugenesia. Pero, que se sepa, Mengele no se entrevistó ni con la CIA ni con el MI5, sino que volvió a esfumarse una vez más. Tal vez por intermedio de sus antiguos camaradas, se refugió un tiempo en el Tirol, quizá en un convento franciscano u otro cenobio monacal, a la espera de su turno para entrar en la llamada *Ratsline*, o «ruta de las ratas». El centro de actividades de esa organización clandestina estaba nada menos que en el Vaticano, en manos de monseñor Alois Hudal, obispo de Santa Maria dell'Anima y rector de la Iglesia alemana en la Santa Sede. Este prelado era un nazi que se ocupaba de coordinar la fuga de las «ratas» con el apoyo de una red de ex SS (quizás la enigmática Odessa), miembros del Consejo Superior de la Cruz Roja y ex fascistas italianos que mantenían cargos en las oficinas de inmigración.

Mengele pertenecía a una familia católica de la alta burguesía, era médico y un investigador reconocido en el campo de la eugenesia. Monseñor Hudal, impresionado por esos méritos, lo alojó en su propia iglesia diocesana y aceleró las gestiones para su salida clandestina hacia Sudamérica. En el verano de 1949 el Ángel de la Muerte partía de Génova a bordo del buque *North King*, llevando el pasaporte de la Cruz Roja número 100.501 que lo identificaba como el técnico mecánico Helmut Gregor, emigrante a Argentina por razones de trabajo. Con esa documentación Josef Mengele desembarcó en Buenos Aires el 20 de junio de ese año. El investigador y autor Uki Goñi relata así su paso por el control de Migraciones:

> Los funcionarios de Migraciones de Argentina quedaron desconcertados al ver los documentos médicos y las muestras que Helmut Gregor llevaba al país. «Son notas biológicas», afirmó Mengele sin faltar a la verdad. Se mandó llamar al médico del puerto para que examinara el contenido francamente sombrío del maletín, pero dado que éste no sabía alemán, finalmente dejó pasar a Mengele.

Goñi a continuación se pregunta cómo fue posible que a los funcionarios no les extrañara que un «técnico mecánico» se hallara en posesión de un sofisticado material biológico. Pero esa permisividad no resulta tan sorprendente en un momento en que Argentina ya alojaba a conocidos cómplices de los nazis, como el ex gobernante de Croacia Ante Pavelic, o a numerosos jerarcas del III Reich, como Walter Kutschmann, Erich Priebke o Eduard Roschmann, y que al año siguiente recibiría sin problemas a Adolf Eichmann. Aparte de su presunta «neutralidad» durante la guerra, el país sudamericano tenía una reducida pero influyente comunidad alemana, sustentada por importantes firmas de ese origen, en especial de la industria farmacéutica: Schering, Bayer o Roche, son algunos ejemplos, aparte de la firma automotriz Daimler Benz o la Osram de elementos eléctricos.

A pesar de sus antecedentes como investigador médico, Mengele no estableció contactos con las empresas químicas de capital alemán ni buscó otras fuentes de trabajo. Se sabe que vivió en varias pensiones de Buenos Aires y sus alrededores, eso sí, pertenecientes a familias de origen germano. Uno de sus anfitriones fue el matrimonio de Helga y Theodore Malbranc, que era entonces un alto ejecutivo del Banco Alemán Transatlántico, y según se cree manejaba parte de los fondos «Odessa» enviados desde Alemania durante la guerra. De todas formas Mengele no necesitaba recurrir a dinero clandestino, ya que su padre le enviaba fuertes sumas desde Günzburg, a través de un intermediario llamado Hans Seldmeier. También cumplía esta función su hermano menor Alois, que cada tanto viajaba a Argentina como representante de la firma familiar en América del Sur.

Un tiempo después, hacia el año 1953, el sigiloso Ángel de la Muerte comenzó a asomar de sus confortables guaridas y a utilizar su verdadero nombre. Se hizo asiduo de las reuniones y fiestas que organizaban los residentes alemanes admiradores del III Reich, que eran muchos, o las familias autóctonas con inclinaciones filonazis, que no eran pocas. Así alternó con varios de sus antiguos camaradas, entre ellos Friedrich Lantschner, Alfred Ruckert, Friedrich Rauch y, probablemente, Adolf Eichmann.

En septiembre de 1955 un golpe militar derrocó al presidente Juan Domingo Perón, presunto cómplice y protector de los fugitivos nazis después de la guerra. Varios periodistas de investigación argentinos, entre ellos Tomás Eloy Martínez, Uki Goñi o Jorge Camarasa, han demostrado que funcionarios y diplomáticos peronistas participaron en la organización de la *Ratsline* italiana y la confección de identidades falsas para los fugitivos. Saber si Perón ordenó directamente esas actividades o simplemente hizo la vista gorda es un problema menor reservado a las enconadas discusiones de sus biógrafos, y que no afecta a la gravedad de ese hecho histórico en sí mismo.

Al asumir el poder una Junta Militar, Mengele y sus amigos pensaron que la barrera de seguridad que representaba el Gobierno peronista quedaría desmontada, pese a que parte de los militares golpistas eran tan nazis como ellos mismos. Mientras se aclaraba el panorama el ex médico de Auschwitz, siguiendo la estela del presidente depuesto, se dirigió a Paraguay, gobernado por la dictadura del general Alfredo Stroessner, de evidente ascendencia germana. Allí tomó la arriesgada decisión de hacer un viaje a Europa, para arreglar varios asuntos familiares. Uno de éstos era solucionar la situación con su esposa, Irene, de la que se había divorciado por poder desde Buenos Aires unos años antes. Ella se había marchado de Günzburg y vivía desde hacía tiempo en Friburgo, alejada de la influencia de la familia. A ésta le preocupaba la actitud distante y casi hostil que había adoptado esa mujer, que conocía muy bien la historia de Josef y estaba al tanto de su paradero.

El Ángel de la Muerte no tuvo valor para dirigirse directamente desde Paraguay a Alemania, donde era buscado bajo la acusación de genocidio. Aterrizó entonces en Suiza, para encontrarse con su padre y su hijo Rolf, de doce años. Mengele arregló algunos asuntos de dinero con Irene, y a su vez se aseguró el control de la otra mujer que podía representar un riesgo para su seguridad: la viuda de su hermano Karl, fallecido en 1949. Esta señora se llamaba Martha María Will, y aceptó sin vacilar la propuesta matrimonial de su cuñado. Así todo quedó bien atado y en familia, y el Ángel de la Muerte pudo regresar a su refugio sudamericano. Unas semanas más tarde llegó Martha, con su hijo del primer matrimonio. Ella y Josef contrajeron segundas nupcias en Uruguay, y vivieron un tiempo en los aledaños de Buenos Aires, pero Martha no se adaptó al país (o a Mengele) y un tiempo después regresó a Günzburg.

La caída del ángel

Ante la presión internacional y por su propio interés, en 1959 el Gobierno de la entonces Alemania Occidental solicitó formalmente a Argentina la extradición de Josef Mengele. Pero la Administración y los jueces de ese país dieron tantas vueltas y largas al asunto que, cuando la policía por fin fue a prenderlo, el Ángel de la Muerte había volado una vez más. Su posible recorrido pudo haber comenzado con un salto a Uruguay, de allí al estado brasileño de Rio Grande do Sul, desde donde habría llegado a Paraguay atravesando la provincia fronteriza argentina de Misiones. Stroessner y su camarilla se apresuraron a dotarlo de documentación paraguaya con su verdadero nombre. Mengele se estableció en la colonia alemana de Hohenau, en el Itapuá, y se alojó por un tiempo en el Hotel Tirol. Esa región, próxima a la triple frontera entre Paraguay, Argentina y Brasil, está poblada en un 80% por familias de origen alemán, distribuidas en numerosas colonias agrícolas fundadas a principios del siglo XX para dedicarse al cultivo de cereales y yerba mate. Allí el médico de Auschwitz trabó amistad con el agricultor Alban Krug, que le ofreció una vivienda vacía que poseía en un intrincado rincón de la selva, al que se accedía por un casi intransitable camino de tierra fangosa.

En ese lugar Mengele estableció su hogar solitario y su laboratorio, aunque no pasaba mucho tiempo en él. De acuerdo con los testimonios de los habitantes de la zona, actuaba como una especie de médico rural itinerante, recorriendo los pueblos y granjas. Se ofrecía también para mejorar la calidad genética del ganado, y se dice que tanto escayolaba fracturas como trataba infecciones o hacía de sacamuelas y, sobre todo, atendía los numerosos partos que se registraban en la región.

La captura de Eichmann por el Mossad israelí en 1960 había producido una reacción internacional ante la impunidad de los jerarcas nazis fugitivos. Varios de ellos fueron «cazados» en esa década, y proliferaron las versiones sobre la presencia en Paraguay o en Brasil de la pieza mayor: Josef Mengele. Las embajadas de Alemania e Israel en Asunción recibieron en 1963 a agentes de sus respectivos servicios de inteligencia, dispuestos a indagar en la zona de las Colonias Unidas, conocido refugio de antiguos miembros del Partido Nazi y de las SS. Pero cuando los investigadores asomaron por Hohenau, el Ángel de la Muerte se había esfumado una vez más.

Se sabe que Mengele huyó hacia el interior del estado de Rio Grande do Sul, pero allí se le pierde la pista. Su residencia, nombres falsos y actividades durante los cinco años siguientes han dado pie a numerosas conjeturas, sin pruebas, documentos o testimonios que las sostengan. En 1968 el fugitivo reapareció en São Paulo, bajo la protección de su ex camarada Wolfgang Gerhard, que lo alojó en casa de un matrimonio húngaro de apellido Stammer, presuntos colaboradores de Odessa o de una red clandestina similar. Mengele paga sobradamente sus gastos con una fuerte suma que le ha traído desde Günzburg su siempre leal Seldmeier. Con parte de ese dinero compró una plantación de café en Caeiras, cuya explotación compartió a medias con los Stammer, en agradecimiento a su hospitalidad.

Más tarde regresó a São Paulo, donde se alojó en casa de los austriacos Wolfram y Liselotte Bossert, que ignoraban su verdadera identidad. Cinco años después, en 1974, Wolfgang Gerhard decidió regresar a Europa y obsequió a su protegido con toda la documentación a su nombre y perfectamente en regla. Con esa nueva identidad legal, Mengele podía sentirse más seguro, pero las noticias sobre su búsqueda habían recrudecido, y el fugiti-

Una muerte en la montaña

Mengele solía viajar con cierta frecuencia a Bariloche, en la precordillera patagónica, invitado por su amigo el médico e hipnotizador Mariano Barilari. Allí vivió una extraña anécdota, relatada por el célebre «cazanazis» Simón Wiesenthal en uno de sus libros. De acuerdo con esa fuente, una mujer israelí llamada Nora Eldoc viajó a Bariloche como turista acompañada de su madre. Ambas habían logrado salir con vida de Auschwitz, donde Mengele había esterilizado a Nora en uno de sus experimentos. Una noche, en un baile del hotel donde se alojaba, la víctima se encontró frente a frente con su verdugo. No se sabe si Mengele pudo recordar a Nora entre los miles de mujeres que había vejado, pero sí debió de reconocer el número de interna del *lager* tatuado en su brazo desnudo. Se miraron un instante sin decir palabra, y luego ella le dio la espalda y salió de la sala. Pocos días más tarde Nora emprendió una excursión a la montaña, de la que no regresó. Después de varias semanas de búsqueda, su cuerpo, con varios golpes mortales, se halló en el fondo de un barranco. La policía registró el suceso como muerte por accidente.

Según Wiesenthal y otros autores, Nora Eldoc era una agente israelí asignada a las tareas previas al secuestro de Eichmann, y quien advirtió al Mossad de que también Mengele estaba en Argentina. Sin embargo este extremo no fue confirmado por los servicios de inteligencia de Tel Aviv, y por su parte Wiesenthal se negó a revelar la fuente de esa información.

vo cayó presa de una depresión paranoica. Se trasladó entonces a una modesta vivienda en una de las intrincadas favelas de São Paulo, donde no llegaba ni la policía. En ese lugar difícilmente lo encontrarían los agentes de los servicios o los informantes de Simon Wiesenthal. Según registra Jorge Camarasa en su documentada investigación sobre las andanzas de Mengele en Sudamérica, el hijo de éste, Rolf, lo visitó en ese lugar en 1977. Ocho años más tarde relató esa experiencia en una entrevista de la publicación alemana *Bunte*, que Camarasa reproduce así en su libro:

> La calle donde vivía mi padre estaba, mayormente, en condiciones lamentables —relata Rolf—. No parecía una calle: no tenía pavimento, sólo había tierra, baches y suciedad. A derecha e izquierda, kilómetros y kilómetros de favelas... —Y agrega más adelante—: La casa era pequeña y muy pobre. Mi padre se acostó en el suelo y me cedió su cama. Una mesa, un par de sillas y un armario era todo el mobiliario que había en la vivienda. (...) La imagen que yo tenía de mi padre era la que me habían transmitido las fotos: un hombre joven, arrogante, seguro de sí mismo. El hombre que tenía frente a mí, en cambio, era una criatura en estado lamentable. Durante las dos semanas que pasé con él comprendí que estaba dominado por el miedo, que sufría de depresiones y que tenía inclinaciones suicidas.

La descripción de ese hombre ya casi anciano, escondido en un sitio miserable, atemorizado y deprimido no debe mover a compasión. Porque tampoco él la tuvo con los cientos de miles de seres indefensos que sometió a una muerte horrible y sin razón. Y según relata su hijo, ni siquiera estaba arrepentido: «Le pregunté, finalmente, por qué no comparecía ante los jueces —explica Rolf en otro momento de la entrevista—. Me contestó que para él no habría jueces, sino sólo vengadores. No estaba arrepentido. Hablaba siempre de vidas no dignas. Decía que nadie podía opinar sobre la dignidad o indignidad de una vida, ni mucho menos condenarla. Era algo que él jamás admitiría. Jamás, tampoco, hubiera aceptado jueces por una razón muy simple: no sentía ninguna culpa...».

Dos años después de la visita de su hijo, Mengele vivía en São Paulo con sus amigos los Bossart. La muerte en accidente de carretera del auténtico Wolfgang Gerhard, le había otorgado una nueva identidad definitiva, y quizá por eso aceptó tomarse unos días de descanso con sus anfitriones. Se alojaron en un hotel del pequeño balneario de Bertioga, en la costa paulis-

El pueblo de los gemelos

Entrada al pueblo de Cándido Godói, en Rio Grande do Sul (Brasil).

La pequeña localidad brasileña de Cândido Godoi se sitúa en la zona de las colonias alemanas que recorría el doctor Mengele. Da la casualidad de que ese pueblo ostenta el índice de gemelos más alto del mundo. Si las tasas normales de embarazos dobles oscilan en uno cada 40-60 nacimientos, en Cândido Godoi uno de cada cinco partos producía mellizos, casi todos de cabellos rubios y ojos azules. Esa sorprendente característica se suele atribuir a un factor hereditario, potenciado por los matrimonios endogámicos habituales en una comunidad reducida y aislada. No obstante, hay quien recuerda que Mengele atendía a las mujeres embarazadas del pueblo, y que durante el nazismo había trabajado obsesivamente en experimentos de manipulación genética, con el fin de producir gemelos arios para el III Reich. ¿Obtuvo el Ángel de la Muerte un tardío triunfo científico en la selva brasileña? Es difícil saberlo, y sólo hay una prueba relativa a favor de esa hipótesis: el hecho de que el gran *boom* de gemelos se produjo a partir de 1960, poco después de la llegada de Mengele, y comenzó a declinar en el decenio siguiente, cuando el médico de Auschwitz abandonó Itapuá.

ta. En la mañana del 7 de febrero de 1979, Bossart y Mengele se dirigieron a la playa para tomar un baño de mar. Cuando se habían adentrado en el agua unos cien metros, Mengele desapareció de la superficie. Su acompañante sólo alcanzó a ver una mano crispada que se agitaba entre las olas, antes de hundirse en el mar. Wolfgang intentó sin éxito rescatar a su amigo, y finalmente fueron los servicios de salvamento los que sacaron el cuerpo a la playa.

El Ángel de la Muerte había fallecido a los 68 años, víctima de un fulminante ataque cardiaco. Una muerte más rápida e indolora que la que él infligió a sus víctimas en su laboratorio de horrores o en las cámaras de gas.

11

Aribert Heim
El sádico «Doctor Muerte» de Mauthausen

> Las SS de Mauthausen metían 120 personas en esta cámara, sellaban las puertas y bombeaban dentro monóxido de carbono. Este veneno era ineficaz, y morían más prisioneros por asfixia que por el gas.
>
> KONNILYN G. FEIG, «Hitler's Death Camps»

Tarek Hussein Farid era un hombre muy apreciado en su barrio de El Cairo, pese a ser un europeo alto y de ojos azules, que había tomado ese nombre al convertirse al islam. Hacía ya muchos años que vivía en la calle de Port Said, alojado en el modesto Hotel Kasr el Medina, desde el que salía cada mañana para dirigirse a rezar sus oraciones en la mezquita de Al-Azhar. De regreso solía detenerse en el Groppi Café, donde compraba golosinas de chocolate para los niños de la vecindad, que lo llamaban «tío Tarek». A menudo se sumaba a un grupo que tomaba té en un bar o se fumaba un narguile, mientras charlaba en árabe con sus contertulios. Luego hacía una sesión de gimnasia y finalmente se sentaba en su cómoda mecedora durante varias horas para leer y tomar apuntes, en especial de un ejemplar del Corán en alemán.

A principios de 1991 Tarek comenzó a adelgazar, debilitarse y quejarse de fuertes dolores en el vientre. Apareció entonces un joven extranjero que dijo ser su hijo de Alemania, e hizo las gestiones necesarias para ingresarlo en un hospital. En el barrio no se volvió a saber nada de él, aunque unos meses después corrió el rumor de que había muerto de cáncer. Lo que sus amigos y vecinos no pudieron saber fue que Tarek Hussein se había llevado a la tumba el secreto de su verdadera identidad.

De acuerdo con las más recientes y confiables investigaciones, aquel bullicioso barrio de El Cairo fue el auténtico refugio del nazi fugitivo Aribert Heim durante la última etapa de su vida. Oficial médico de las SS acusado de los más horribles crímenes, Heim era el criminal del III Reich más buscado en todo el mundo, junto a su colega y camarada Josef Mengele. Ambos habían protagonizado crueles carnicerías, respectivamente en los campos de Auschwitz y Mauthausen, con la diferencia de que Heim no solía alegar ningún objetivo «experimental» por más delirante que fuera, y mataba a sus víctimas sólo por un enfermizo sadismo.

El médico verdugo de las SS

Aribert Ferdinand Heim nació el 28 de junio de 1914 en Radkersburg, una pequeña ciudad balnearia en el sureste de Austria, donde su padre era policía y su madre ama de casa. Su infancia transcurrió entre los sufrimientos de posguerra y la prédica de *herr* Heim y sus colegas, que les echaban la culpa de la derrota a los judíos. No es de extrañar que en 1935, cuando estudiaba medicina en la Universidad de Graz, Aribert se apuntara al Partido Nazi de la localidad. Su país fue anexado al III Reich por el *Anschluss* de 1938, noticia que el joven Heim y gran parte de sus paisanos recibieron con entusiasmo. La paradójica posición de los austriacos, que prefirieron perder su independencia para obtener la «protección» del Führer alemán, amplió el horizonte de Aribert Heim.

Puertas del campo de concentración de Mauthausen.

En 1940 completó su carrera en la Universidad de Viena, y al año siguiente solicitó su ingreso en las SS, y fue destinado como médico ayudante en el campo de concentración de Buchenwald. Allí fue entrenado por su superior, el temible doctor Johannes Eisel, en el trato que debía dar a los prisioneros. En octubre de ese mismo año fue trasladado al *lager* de Mauthausen, en Austria, donde conoció al farmacólogo de la SS Erich Wasicky, que lo puso al tanto de los experimentos genéticos que perpetraba Mengele en Auschwitz. Como dos aprendices de brujo, ambos comenzaron a aplicar a los internos los atroces métodos de Mengele, aunque sin tener muy claros los fines «científicos» que aducía el Ángel de la Muerte.

Wasicky escogía a los prisioneros en la rampa de llegada de los trenes, según su errático criterio personal, y los llevaba al «dispensario» donde operaba Heim. Éste los sometía a diversas torturas, tan sangrientas como absurdas. A los más afortunados les inyectaba bencina y otros líquidos en el corazón, para comprobar qué sustancia los mataba más rápido. A otros los abría en canal sin anestesia, les extirpaba uno o más órganos internos, y los dejaba tirados sobre la mesa con las heridas abiertas, hasta que expiraban entre insoportables dolores.

Aribert Heim permaneció en Mauthausen entre octubre y diciembre de 1941, fecha en que fue aprobada su solicitud de ingresar en las Waffen-SS para ser destinado al frente. Se calcula que en ese breve lapso de apenas

Los pisapapeles espectrales

En enero de 1946 un superviviente de Mauthausen llamado Josef Kohl, declaró ante la justicia lo siguiente: «El doctor Heim tenía la costumbre de revisarles la boca a los prisioneros, para determinar si tenían los dientes en perfecto estado. De ser así, mataba al prisionero con una inyección, le cortaba la cabeza, la dejaba en el crematorio durante horas, hasta que desaparecía toda la carne que cubría el cráneo. Luego preparaba la calavera como objeto decorativo para su escritorio y los de sus amigos». En otras versiones se asegura que Heim hervía las cabezas hasta descarnarlas, en lugar de hacerlas quemar. Lo más probable es que hiciera ambas cosas, según el tamaño, porque otros testimonios le adjudican una preferencia por los cráneos infantiles, más pequeños y manejables para servir como pisapapeles. Sin comentarios.

Los españoles de Mauthausen

Los republicanos españoles recluidos en Mauthausen celebran la liberación del campo.

Cuando acabó la guerra civil, miles de españoles republicanos cruzaron la frontera de los Pirineos para asilarse en Francia. Allí fueron encerrados en campos de refugiados, como los de Saint-Cypren, Le Vernet d'Ariège, Barcarès o Argelès-sur-Mer. Trabajaron en la construcción de las trincheras de la línea Maginot, y se incorporaron al ejército francés que la defendía. Los alemanes traspasaron fácilmente esa línea, y cogieron a los españoles como prisioneros de guerra. Al comprobar su identidad, tomaron contacto con el Gobierno español para repatriarlos, pero obtuvieron una famosa y lapidaria respuesta del general Franco: «Los verdaderos españoles ya están todos en España».

Desamparados por su país, se los calificó como apátridas, aunque la estrella azul que los marcaba como tales llevaba en el centro una letra ese, inicial de *Spanien*. La mayoría de ellos fueron enviados a Mauthausen, para trabajar en las minas de granito que proveían a todo el III Reich. Cada día debían trepar una empinada escalera de 156 escalones, y trabajar con el pico de sol a sol. Los que caían por agotamiento o desnutrición, eran rematados allí mismo. Los que conseguían aguantar, iban muriendo de hambre y sed, o a consecuencia de los castigos. Otros, que se calculan en al menos varias decenas, fueron víctimas de las carnicerías del Doctor Muerte. De los 7.300 españoles registrados como internos en Mauthausen, 5.000 murieron de una forma u otra. Cuando los aliados liberaron el campo, el 5 de mayo de 1945, muy pocos supervivientes pudieron volver a la España franquista. La mayor parte de ellos debió optar por el exilio en el extranjero, sobre todo en Francia.

dos meses eliminó a unos 550 prisioneros, con los bárbaros métodos de tortura que le valieron el apodo de «Doctor Muerte». Contra lo que se suele creer, ese siniestro apelativo no procede de sus víctimas, sino que fue un invento posterior de los medios de información que comentaban su prolongada persecución. Sí es cierto que los republicanos españoles internados en Mauthausen lo bautizaron, con fúnebre humor, «el banderillero», por aquello de las inyecciones.

En febrero de 1942 el capitán Heim se incorporó al servicio médico de la 6.ª División Norte de Montaña, que participaba en la invasión de Finlandia. En ese destino prestó servicio en el hospital para heridos de guerra instalado en Oulu, en la frontera natural entre Laponia y la Región de los Lagos. Se sabe que al final de la contienda se encontraba en un hospital de Viena, aunque no está clara la fecha de su traslado a la capital austriaca. Fue detenido el 15 de marzo de 1945 por las tropas de Estados Unidos, que lo enviaron a un campo de prisioneros de guerra. En la relación de su prontuario, elaborado por los servicios aliados, se omitía misteriosamente su estancia en Mauthausen en 1941, y sus atrocidades en el «dispensario». Para sus captores, Aribert Heim era uno más de los miles de oficiales sanitarios del ejército alemán y no vieron motivo para someterlo a juicio, aunque lo mantuvieron los dos años siguientes en prisión preventiva.

Una vez liberado, el Doctor Muerte regresó junto a su mujer y sus dos hijos en Baden-Baden, donde durante años atendió a numerosas pacientes en su exclusiva consulta ginecológica. Como a otros verdugos nazis fugitivos, la captura de Eichmann en 1960 le hizo poner las barbas en remojo, y comportarse con mayor prudencia y recelo. Un día de 1962 un amigo relacionado con la policía le advirtió que se había ordenado su busca y captura, y que los investigadores lo estaban esperando en su domicilio. Heim le dio las gracias y se esfumó. No volvió a su casa, ni llamó por teléfono, ni dejó rastro alguno de su paradero. Encontrarlo y cazarlo se convirtió en una obsesión para la Interpol, los servicios de inteligencia, y los «cazanazis» independientes como Simon Wiesenthal o los Klarsfeld. Todos tuvieron éxito..., en la obtención de centenas de pistas sin fundamento.

¿Dónde está el nazi feroz?

En las décadas siguientes se registró una verdadera avalancha de supuestos avistamientos de Aribert Heim, en los países más variados y distantes entre

Oficiales nazis.

sí, como Argentina, Chile, Canadá, España, Paraguay, Uruguay, los Balcanes, Arabia Saudita, Finlandia y hasta Vietnam. La repercusión del espectacular secuestro de Eichmann en 1960, y las crecientes recompensas que fueron ofreciendo Austria, Alemania e Israel por la captura de Heim, estimularon en todo el mundo la imaginación de informantes espontáneos. Miles de personas aseguraban haber visto al Doctor Muerte en alguna parte, y cientos de investigadores se movilizaban para comprobar las denuncias más creíbles, que nunca resultaron ciertas. Los países del Cono Sur de América, gobernados por dictaduras más o menos pronazis, que albergaban nutridas colonias alemanas y eran reconocidos como parada final de Odessa y otras redes clandestinas aún activas, fueron objeto de búsquedas exhaustivas con el mismo resultado negativo. Pero casi nadie pensó que Aribert Heim podía estar en Oriente Medio, un refugio insospechado y muy bien disimulado de numerosos fugitivos nazis.

El inspector Alexander Dettling, encargado del caso Heim en el departamento de policía de Baden-Württemberg, en Stuttgart, siguió en esos años 240 pistas que resultaron falsas. No obstante hubo una que, por decirlo en términos deportivos, «pegó en el larguero». Se trató de la denuncia de que Aribert Heim había trabajado como médico de la policía egipcia entre 1967 y 1970. Los investigadores alemanes se trasladaron a El Cairo, listos para atrapar al fugitivo, pero su nombre no figuraba en los archivos policiales, ni en esa fecha ni en ninguna otra. Sin embargo Heim se encontraba en la misma ciudad, quizá jugando al tenis con su joven amigo Mahamud Doma, hijo del propietario del hotel donde se alojó los últimos diez años de su vida. Y, por supuesto, siempre había mantenido la cautela de no relacionarse con la policía.

Hubo también quienes se inventaron historias sobre una supuesta muerte de Heim. Una de las más impactantes fue el libro *The Secret Executioners* publicado en 2007 por Danny Baz, un ex coronel de la aviación israelí, en el que confiesa su pertenencia a un grupo secreto de cazanazis denominado *Kauz* (Búho). Baz cuenta que en 1982 participó con ese grupo en el secuestro del Doctor Muerte en Canadá y su traslado a la isla californiana de Santa Margarita, donde lo ejecutaron. O Baz mintió a sabiendas, o él y sus «búhos» mataron al hombre equivocado. Esperemos que por lo menos fuera otro verdugo nazi. Tanto el Centro Simon Wiesenthal como el Gobierno de Israel expresaron serias dudas sobre la veracidad de ese relato. Hoy se sabe casi con absoluta certeza que en 1982, mientras Danny Baz lo ejecutaba en California y el cazanazis Efraim Zaroff lo buscaba en el sur de Chile, Aribert Heim aceptaba alojarse en el hotel de El Cairo propiedad de la familia Doma.

Hubo informantes que aseguraron que entre 1979 y 1983 Heim había abierto una clínica psiquiátrica y ginecológica en Paysandú (Uruguay), de donde habría escapado por los pelos de unos agentes del Mossad. Otros denunciaron su presencia en Argentina, una de las acusadas favoritas como refugio de criminales nazis; o lo ubicaron claramente en Chile, alojado en casa de una hija extramatrimonial. En 2006 el Instituto Penal de Baden-Württemberg envió un suplicatorio al Gobierno chileno, pidiendo que se interrogara a Waltraud Heim, vecina de Puerto Montt (en el extremo sur del país), sospechosa de alojar o haber alojado a su padre, el criminal nazi fugitivo Aribert Ferdinand Heim. Ante el requerimiento policial, Waltraud declaró que su padre nunca la había visitado en Chile, y que había muerto en 1993. Sin embargo, no pudo exhibir el certificado de defunción, alegando que debía de estar en poder de los hijos legales en Alemania. Pero tampoco éstos poseían ese documento, y en agosto de 2008 el mayor, Rüdiger Heim, pidió que su padre fuera declarado oficialmente muerto, a fin de cobrar su herencia. Rüdiger, que se declara demócrata y antifascista, aseguró que dedicaría esos fondos a financiar investigaciones exhaustivas sobre los criminales de la *Shoah*.

La fiebre por cazar a Aribert Heim tuvo numerosas manifestaciones en España. En 1997 cinco años después de su fallecimiento, el diario *El País* «reveló» que el Doctor Muerte vivía oculto en una urbanización de Alicante. Otras denuncias lo situaban en Palafrugell (Girona), y también en las playas de Marbella o Ibiza. Al parecer, la presencia de cualquier alemán maduro, alto y de ojos azules bastaba para acusarlo de ser Aribert Heim. Debe tomarse en cuenta que aunque el Doctor Muerte había fallecido en 1992, la confirmación y revelación de su deceso no se produjo hasta principios de enero del 2008. En esos 16 años continuó la cacería, empeñada en abatir una presa que ya estaba muerta.

Dinero del cielo

Según sus antiguos amigos y vecinos de El Cairo, el supuesto Tarek Hussein Farid no vivía allí con ostentación, pero tampoco se lamentaba por tener problemas económicos. Abonaba puntualmente sus facturas y acostumbraba a pagar rondas y hacer regalos. Dado que no ejerció la medicina ni cualquier otra actividad remunerada, cabe preguntarse de dónde sacaba el dinero. En la respuesta no hay nada delictivo ni misterioso. Heim había comprado en 1958 una finca de 34 pisos de alquiler en Berlín, cuyas rentas eran cobradas por su hermana Herta Barth, que le enviaba el dinero a través de intermediarios. En 1979 un tribunal de Baden-Baden embargó ese edificio, para forzar a Heim a entregarse. Pero el Doctor Muerte ya había sido multado en ausencia por un tribunal de Berlín con la suma de 510.000 marcos, más o menos equivalente al valor del inmueble. El embargo impedía su venta, por lo que se nombró un administrador judicial. En 1988 se levantó el decomiso, ante las insistentes protestas de los vecinos por el deterioro del edificio, que fue vendido por un precio bastante mayor que la tasación de diez años antes.

Cuando Herta contrajo un cáncer terminal, reveló a Rüdiger la dirección de su padre en El Cairo, y le pidió que continuara con los envíos de dinero. Así lo hizo el joven Heim desde entonces. En los últimos años, cuando la salud del Doctor Muerte comenzó a fallar, Rüdiger hizo varios viajes a Egipto para asegurarse de que estuviera bien atendido y ocuparse de los gastos médicos. Según declararía más tarde, ni él ni su madre o su hermano supieron de la existencia de la finca, ni de la cuenta bancaria a nombre de Aribert Heim con un saldo a favor de más de 1.000.000 de euros actuales. Aunque el nazi difunto intercambiaba cartas con sus hijos, siempre mantuvo a su familia al margen de los asuntos económicos, quizá por la mala relación con su esposa, que acabó en divorcio. Tampoco sus amigos de El Cairo estaban al tanto de esos bienes, por lo que parece ser que la única agente y confidente de Aribert en esos temas había sido su hermana Herta. Ahora que todo había salido a luz, tampoco les resultaría fácil a los herederos hacer valer sus derechos. Cualquier pleito sucesorio comienza por un elemento básico: la prueba de que el testador está realmente muerto. Pero lo único que Rüdiger Heim había obtenido en Egipto era un certificado de defunción a nombre de... Tarek Hussein Farid.

El 4 de febrero de 2009 el *New York Times* y el canal oficial alemán ZDF compartieron una primicia: las pruebas de que Aribert Heim, el Doctor Muerte de Mauthausen, había muerto en El Cairo en 1992. La noticia cogió a contrapié a los investigadores y policías que aún lo estaban buscando, y a la prensa sensacionalista que seguía denunciando su presencia aquí o allá. Varios de esos medios negaron verosimilitud a la investigación, asegurando que el *New York Times* y ZDF habían sido engañados en su buena fe. Pero la Oficina de Investigaciones Criminales de Baden-Württemberg ya había confirmado al día siguiente la veracidad de la noticia. Luego, ante las evidencias abrumadoras publicadas en un dosier del diario neoyorquino, y las imágenes del documental emitido por el canal alemán, todos reconocieron que las pruebas eran verídicas. Rüdiger Heim hizo declaraciones sobre una carta de su padre, confirmada personalmente en una de sus visitas, en la que se decía que en 1962 tras escapar de Baden-Baden había atravesado Francia y España conduciendo un automóvil, para cruzar a Marruecos y de allí dirigirse a El Cairo, donde había permanecido el resto de su vida. O sea, hasta el 10 de agosto de 1992. Ambos medios reproducían entrevistas a personajes egipcios que habían conocido a Tarek/Heim, principalmente miembros de la familia Doma y un hijo del anciano Tarek el Rifai, que a los 88 años se ufanaba de haber sido el mejor amigo de su tocayo Tarek Hussein Farid. «Mi padre decía que su amigo recelaba de que lo buscaban, tal vez los judíos, y por eso se quedaría siempre en El Cairo», declaró. Pero Rifai no sabía que Tarek era el Doctor Muerte, ni tampoco dijeron saberlo los otros diez testigos que reconocieron en la fotografía de Aribert Heim a Tarek Hussein Farid. La prueba de que este nombre ocultaba al Doctor Muerte se obtuvo en los archivos de la mezquita de Al-Azhar, donde constaba la conversión al islam de Aribert Ferdinand Heim, y la adopción de su nuevo nombre.

La investigación conjunta de los periodistas americanos y alemanes, aportó una serie de testimonios y pruebas que resultaron irrefutables. Mahamud Doma rememoró la larga estancia de su «tío Tarek» en el hotel de sus padres. Recordó que el alemán no tenía problemas para comunicarse con otros huéspedes, pues hablaba también el inglés, el francés y, por supuesto, el árabe. «Me decía que debía estudiar, y me regalaba libros —recordó Mahamud con lágrimas en los ojos—. Para mí era como un padre, y ambos nos queríamos mucho.» La familia Doma entregó a los investigadores un viejo maletín de Heim, que habían conservado desde su fallecimiento. Contenía varios documentos personales, entre ellos una especie de diario en el que el Doctor Muerte registraba su periplo europeo en 1962 y su llegada a El Cairo. Había también varios documentos egipcios a nombre de

Tarek, cuya fecha de nacimiento se registraba como el 28 de junio de 1914, día en que había nacido Aribert Heim.

Rüdiger acabó admitiendo que estaba presente en El Cairo el 10 de agosto de 1992, cuando murió su padre de un cáncer intestinal. Heim le había manifestado el deseo de que sus órganos fueran donados a un hospital, pero la religión musulmana y las leyes egipcias prohibían la disección de cadáveres. Muhamad Doma consiguió que un nosocomio de El Cairo aceptara hacerse cargo del cuerpo en forma clandestina, pero a última hora la operación se frustró. Finalmente Rüdiger y Doma cargaron al difunto en una camioneta y lo llevaron a una fosa común en las afueras, donde lo enterraron entre otros muertos anónimos. Ya nadie podría encontrar al Doctor Muerte, buscado en todo el mundo durante treinta años, por las horribles carnicerías que había cometido en sólo dos meses.

Arriba: imagen de un grupo de partisanas yugoslavas. *Abajo:* Beate y Serge Klarsfeld.

Cuarta parte

Los cazadores

12

Abba Kovner
El joven que lideró a «los Vengadores»

> Hitler está dispuesto a aniquilar a todos los judíos europeos.
> Los judíos lituanos sereremos los primeros en la lista.
> No debemos actuar como ovejas que son llevadas al matadero.
> Es verdad, somos débiles e indefensos, ¡pero nuestra única
> respuesta al enemigo debe ser la resistencia!
>
> ABBA KOVNER, 31 de diciembre de 1941

Cuando pronunció estas palabras, en una reunión clandestina de organizaciones juveniles judías en el gueto de Vilna, Abba Kovner tenía 23 años. Seis meses antes los nazis habían invadido la Lituania polaca, y recluido a los judíos de Vilna en un gueto, como antesala de la «solución final». Abba, que ya formaba parte del grupo clansdestino *Hashomer Hatzair* (en hebreo, «Joven Guardia»), se escondió con 17 compañeros en un convento dominico de las afueras, cuya superiora era Anna Borkowska, llamada en religión sor Bertranda.[1] Allí comenzaron a elaborar la idea de organizar una resistencia armada, y con ese fin regresaron al gueto. En la noche de fin de año Kovner pronunció su inflamado discurso ante los representantes de todos los grupos juveniles, y el 21 de enero de 1942 nació la Organización Unida de Partisanos, comandada por Itzak Wittemberg. Cuando éste fue arrestado por los nazis en 1943, Abba se puso al frente de la organización y adoptó el *nom de guerre* de «Uri».

Al iniciarse la deportación masiva del gueto de Vilna, Abba y sus compañeros huyeron hacia los bosques de la región. En la fronda de Rodniky

1. Religiosa dominica, madre superiora de un convento en Kolonia Wilanska, cerca de Vilna. Proporcionó armas y municiones para el frustrado levantamiento del gueto de esa ciudad en 1943. Arrestada por los nazis, fue enviada al campo de trabajo de Perwejniski. Al ser liberada anunció su renuncia a su Orden religiosa.

crearon el «Batallón Judío Unido», que incluía otros jóvenes fugitivos de los campos cercanos. Después de la liberación, esa unidad de guerrilla fue la base de uno de los grupos más feroces, audaces y menos conocidos en la persecución de los criminales nazis: los *Nokmim*.

Nokmim significa en hebreo «vengadores», y aunque otros cazanazis —notablemente Simon Wiesenthal— han rechazado la idea de venganza por la de justicia, Abba Kovner y sus compañeros entendían que ésta debía ejecutarse por sus propias manos. Consideraban que los juicios de Núremberg habían sido una farsa, y que en la posguerra nadie tenía verdadero interés por atrapar y juzgar a los responsables del genocidio de su pueblo. La mayoría de esos jóvenes eran sobrevivientes de los campos, que habían visto morir a sus familias, y habían sufrido en carne propia los golpes, las torturas y la deshumanización. Muchos de los que provenían de la guerrilla de Kovner en los bosques de Lituania habían sufrido los brutales golpes y los sádicos tormentos de los interrogatorios de la Gestapo, mientras sus padres y hermanos eran asesinados en los campos de exterminio.

Los Vengadores actuaban de forma incontrolada, no respondían a ninguna autoridad, y no tenían acceso a policías ni tribunales. Era una agrupación de jóvenes resentidos e iracundos, dispuestos a vengarse sin contemplaciones. Pero la guerra había terminado, y lo que un par de años antes hubiera sido una heroica formación de partisanos constituyó, ante una Europa en paz, una banda de delincuentes fuera de la ley. Nunca fueron detenidos ni juzgados, y muchos de ellos, comenzando por su jefe, Abba Kovner, tuvieron luego una actuación destacada en la lucha por la independencia de Israel.

Las bestias deben morir

El grupo original de los Vengadores estaba formado por chicos provenientes de guetos y *lager*, con escasa o ninguna experiencia armada. Para la eficacia de sus operaciones fue un factor fundamental la incorporación de ex combatientes de la Brigada Judía, integrada por jóvenes judíos escapados a tiempo de países europeos y asimilada al ejército británico. Al terminar la guerra en Europa muchos de ellos se sumaron a los *Nokmim*, aportando armas, equipos, y sobre todo, una valiosa experiencia bélica.

La estrategia de Kovner y sus Vengadores consistía en localizar a los antiguos nazis que habían eludido la justicia y vivían camuflados entre la población civil. Estudiaban las costumbres y horarios del criminal, para acabar eliminándolo de forma que pareciera un accidente, un suicidio, o una muerte natural. Esta simulación era fundamental porque si la muerte se atribuía a un atentado, significaba la apertura de una investigación y la alerta policial y judicial sobre la existencia de un grupo ilegal de cazanazis

Un inmenso coto de caza

Abba Kovner, en el centro de la imagen, junto a algunos partisanos del gueto de Vilna.

Los *Nokmim* dispusieron realmente de un enorme coto de caza en el que escoger a sus presas. Tras la rendición del III Reich, las autoridades aliadas contabilizaron, sólo en Alemania Occidental, 13.200.000 personas susceptibles de ser arrestadas y juzgadas por su pertenencia al aparato del nazismo. Algo menos de 3.500.000 fueron imputadas formalmente, y sólo un millón sometidas a juicio ante diversos tribunales. Las penas establecidas, salvo unas pocas excepciones, no pasaron de la confiscación de los bienes apropiados ilegalmente, o una restricción temporal para ejercer cargos públicos. En 1950, cinco años después del fin de la guerra, sólo 300 ex nazis permanecían en prisión, mientras12.900.000 antiguos miembros de la maquinaria genocida disfrutaban de absoluta libertad.

armados. Por esa misma razón los *Nokmim* actuaban con un especial sigilo, se cuidaban obsesivamente de no dejar huellas, y nunca reivindicaron sus acciones. Dado que entre los millones de nazis fugitivos miles fallecieron en la posguerra por enfermedades, accidentes o suicidios, es imposible saber cuántos y cuáles fueron en realidad víctimas de los Vengadores.

Entre los diversos trucos ideados por los *Nokmim* para disimular sus ejecuciones, uno de los más efectivos era el del ahorcado. La operación consistía en atrapar al ex nazi implicado en su garaje y sostenerlo de pie sobre el techo de un coche. Le colocaban al cuello una soga con un nudo corredizo y ataban el otro extremo a una viga del techo. Uno de los Vengadores se ponía al volante y hacía retroceder el auto en marcha atrás. La víctima perdía pie y el nudo se cerraba, ahorcándola, mientras sus captores desaparecían del escenario. Era muy difícil que la policía asociara un cadáver colgando de una cuerda con un asesinato, y el caso era calificado de suicidio.

La imaginación de los jóvenes ejecutores diversificaba continuamente sus métodos. Un ex jefe de la Gestapo, ingresado en un hospital para una operación menor, fue atendido por un «enfermero» que le inyectó keroseno en las venas. Otras muertes «accidentales» se producían por caídas de un barranco, misteriosos fallos mecánicos en el automóvil del occiso, ataques cardiacos sorpresivos o muertes en la carretera por el atropello de un coche cuyo conductor había huido. Los *Nokmim* no limitaron su acción a Europa, sino que también ejecutaron a antiguos nazis en Argentina, Brasil, Canadá y otros países que les servían de refugio. En ocasiones no hacían de verdugos, sino que daban una oportunidad más digna a sus víctimas. Tal fue el caso del SS Alexander Laak, responsable de la muerte de 100.000 judíos en el campo de Jägala, en Estonia, que vivía tranquilamente en un suburbio de Winnipeg (Canadá). Una noche dos *Nokmim* esperaron ocultos a que su mujer saliera para ir al cine con unas amigas y se metieron en la casa. Cogieron al ex nazi y le exigieron que confesara su crimen. Cuando lo hizo, le ofrecieron una pistola para que se quitara por sí mismo la vida. Y en esa ocasión la causa de muerte sí fue un auténtico suicidio. Mientras los Vengadores estuvieron en acción, nadie sospechó de su existencia, que sería revelada tiempo después.[2]

2. Aparte de los libros de poemas narrativos del propio Abba Kovner, publicados a finales de la década de 1940, autores como Rich Cohen, Michael Elkins o el ex Vengador Joseph Harmatz han escrito relatos sobre el tema.

Los panes indigestos

Abba Kovner, segundo por la derecha, fotografiado en septiembre de 1944.

Alcanzar una represalia efectiva contra millones de ex nazis, por medio de esas ejecuciones individuales, era una tarea prácticamente interminable. A principios de 1946 el comando de los Vengadores se planteó efectuar una acción masiva e indiscriminada, tal como había sido el genocidio cometido por los criminales del III Reich. Elaboraron entonces un plan, consistente en envenenar el agua corriente en cinco grandes ciudades alemanas: Berlín, Núremberg, Múnich, Hamburgo y Weimar. Esa acción representaba exterminar a millones de habitantes, hombres, mujeres, viejos, jóvenes y niños, se hubieran o no adherido al nacionalsocialismo. El desmesurado y feroz alcance de la operación produjo dudas en algunos dirigentes del grupo, por lo que Uri Kovner propuso la posibilidad de un plan B. Se trataría también de un envenenamiento en masa, pero limitado a un campo de prisioneros de guerra alemanes que alojara a varios miles de ellos.

Los jefes más radicales, partidarios del primer plan, enviaron delegados a Palestina para consultar al Estado Mayor de la Haganá. El ejército irregular judío rechazó de plano la idea, porque su objetivo en ese momento era forzar a los ingleses a retirarse de Palestina, reconociendo la independencia de Israel, y no exterminar a millones de ciudadanos alemanes. Kovner y sus compañeros, pese a todo, decidieron poner en marcha por su cuenta el plan B. Con ese fin escogieron el Stalag 13, un antiguo campamento alemán para prisioneros británicos situado en Hammelburg, que entonces alojaba a unos 15.000 ex miembros de las SS detenidos por los aliados. Dado que la idea era utilizar algún tipo de veneno, averiguaron la procedencia de la comida que se daba a los internos. Comprobaron que el único alimento que llegaba cada día de fuera del campo era el pan, suministrado cada mañana por una sola panificadora. Arye Distel, un vengador alto, rubio y de ojos azules, que parecía la encarnación de la raza aria, consiguió un puesto de aprendiz en los hornos que cocían el pan. A lo largo de varios días fue introduciendo en el lugar las botellas que contenían cianuro y las ocultó en los depósitos del subsuelo. En la fecha señalada, otros tres Vengadores se colaron en el local de madrugada, y junto a Distel pintaron con veneno la corteza de unas 3.000 hogazas de pan.

El cianuro hizo un efecto devastador entre numerosos criminales SS prisioneros, que sufrieron agudos dolores, convulsiones y vómitos. Los médicos militares americanos intentaron aliviar en lo posible la situación, y luego las autoridades del campo mantuvieron un secreto absoluto sobre el envenenamiento y sus consecuencias. No obstante se puede suponer que, siendo la ración de cada prisionero media hogaza, unos 6.000 de ellos pudieron comer el pan con cianuro. Calculando a la baja los efectos fatales, debieron de morir varias centenas de ellos, y la única cifra publicada consigna 1.900. El caso se archivó como información reservada, y sólo el *NewYork Times* reprodujo en sus páginas interiores un suelto muy breve:

> Mil novecientos prisioneros de guerra alemanes fueron envenenados con panes con arsénico a comienzos de esta semana, en un campo de los Estados Unidos. Todos se encuentran «gravemente enfermos», según informó esta noche el Cuartel General. (*The New York Times*, 20 de abril de 1946, p. 6)

El éxito del Stalag 13 revivió en los *Nokmim* el impulso de llevar finalmente a cabo el plan A. Uri se entrevistó con el líder sionista Chaim Weizmann, que unos años después sería el primer presidente de Israel, para pedirle su apoyo. Según parece, Weizmann al principio desechó tajantemente una revancha tan desmedida, pero Kovner logró conmoverlo narrándole las atrocidades que habían vivido y presenciado sus compañeros en los *lager*. El veterano político acabó otorgándole carta blanca para el plan A y, además, como había sido químico de profesión, le dio las señas de un colega judío italiano que podía proporcionarle el compuesto para envenenar el agua.

El proyecto siguió adelante, pero el plan A nunca llegó a concretarse. Cuando el líder de los Vengadores volvía por mar a Alemania, fue detenido por la policía militar británica, que le decomisó las botellas de veneno que llevaba en una voluminosa mochila y lo mantuvo arrestado un breve tiempo. Los autores citados y otros estudiosos no tienen muchas dudas de que Kovner fue víctima de una delación. El soplo sólo pudo provenir de los círculos del sionismo próximos a Weizmann, o tal vez de altos oficiales de la «Haganá», o incluso de algún «vengador» arrepentido. En cualquier caso,

El guerrillero poeta

A finales de 1945 Abba Kovner declaró como testigo en los juicios de Núremberg, y al año siguiente, con su compañera Vitka Kempner y otros *Nokmim*, se instalaron en el norte de Israel, uniéndose al kibbutz Ein Haroresh, en el valle de Hefer. Abba se incorporó como oficial a la famosa Brigada Givati en la guerra de la Independencia. Una vez proclamado el estado de Israel en 1948, regresó a Ein Haroresh. Allí se dedicó a elaborar su valiosa obra lírica, por la que obtuvo el Premio Israel de Literatura en 1970. Kovner fue asimismo presidente de la Sociedad de Escritores, y es reconocido como uno de los mayores poetas en hebreo moderno.

Abba Kovner falleció en 1987, a los 69 años. Entre sus principales obras líricas se cuentan *Ad Lo-Or* (Hasta allá no hay más luz), 1947, sobre la lucha de los partisanos en Europa oriental; *Preidah Me-ha-darom* (Partida desde el sur), 1949, que completa el mismo tema; y los poemarios *Ha-Mafteach Tzalal* (La llave sumergida), 1951, y *Hadmat Hahol* (Suelo arenoso), 1961. La trilogía en prosa formada por *Panim el Panim* (Cara a cara), *She'at Ha'hefes* (Hora cero) y *Ha-Zomet* (La encrucijada) narra las hazañas de la Brigada Givati en la guerra de la independencia.

de alguien que creía —no sin razón— que esa operación hubiera significado una terrible afrenta para los judíos y un poderoso argumento moral para quienes se oponían a concederles un territorio y un Estado.

Lo cierto es que la actividad de los Vengadores ha sido siempre tema de controversia en Israel. ¿Tenían derecho esos jóvenes casi adolescentes a tomarse la justicia por su mano? ¿Podían matar de forma indiscriminada y masiva, imitando el proceder de sus propios verdugos? Tal vez no tuvieron otra opción, en aquel momento y en esas circunstancias, que seguir la vieja ley bíblica de «vida por vida, ojo por ojo, diente por diente...» (Éxodo 21: 23-24). Aunque esa represalia resultara un trágico y minúsculo intento, ante el atroz genocidio perpetrado por los verdugos del III Reich.

13

Simon Wiesenthal
El justiciero desarmado

Simon Wiesenthal tenía muchas razones para desear vengarse de los verdugos del III Reich. Había visto cómo su madre era llevada a la cámara de gas, y otros 89 miembros de su familia fueron asesinados en los campos de exterminio. Él mismo había pasado por doce *lager* distintos, y salvado su vida de milagro a pesar de las torturas, los golpes, la sed y el hambre, que lo redujeron a una lastimosa piltrafa de 45 kilos al ser liberado. No obstante siempre sostuvo que su objetivo era la justicia, no la venganza, y ése fue el título que dio a su autobiografía.[1] Con ese lema dedicó su vida posterior a buscar, identificar y denunciar a los criminales nazis escapados de la justicia y esparcidos por todo el mundo. Inició su labor metódica e implacable desde la modesta oficina del Centro de Documentación Histórica Judía, fundado en 1947 por él y otros 30 voluntarios en la ciudad austriaca de Linz. Pero posteriormente, el desinterés de las potencias enfrentadas en la guerra fría por detener y juzgar a los verdugos de la *Shoah* desalentó a los colaboradores del centro y obligó a Wiesenthal a cerrar sus puertas en 1954.

Portada del libro *Every day remembrance day* («Cada día es el día de la conmemoración»), de Simon Wiesenthal, publicado en 1987.

Un año antes el centro había pasado a Israel la primera información sobre el paradero de Adolf Eichmann en Argentina, al parecer, al principio

1. Hay versión española: *Justicia, no venganza*, Ediciones B, Barcelona, 1989.

desatendida. Pero la espectacular y exitosa captura del fugitivo en Buenos Aires en 1960, y su juicio y condena en Tel Aviv, reavivaron la esperanza y los ánimos de Wiesenthal. Resolvió entonces reabrir su oficina, esta vez en Viena, con el nombre de Centro de Documentación Judía, dedicado exclusivamente a la caza de los verdugos fugitivos. La nueva sede se convirtió en poco tiempo en el punto de referencia de colaboradores espontáneos desde distintos países, que aportaban información sobre avistamientos de posibles sospechosos. Sus datos eran a veces erróneos, incompletos o incluso premeditadamente falsos, pero también hubo documentos o avistamientos reveladores que permitieron a Wiesenthal obtener varios notables éxitos.

El primero fue la denuncia del paradero de Karl Silberbauer, el inspector de policía austriaco que encontró a Anna Frank y la entregó a las SS, hecho que confesó al ser detenido. En 1966 Wiesenthal encontró y denunció a 9 de los 16 criminales juzgados en Stuttgart por el exterminio de judíos en Lvov. Pero la presa que lo obsesionaba era Franz Stangl, comandante de los campos de exterminio de Treblinka y Sobibor, en la Polonia ocupada. Como se explica en este mismo libro, encontrar a Stangl le llevó tres años de paciente y tenaz investigación, hasta localizarlo en Brasil y obtener su deportación a Alemania en 1967. Otro caso sonado fue el de Hermine Braunsteiner, denominada «la yegua de Majdanek» por su brutal conducta como guardiana en ese campo de los alrededores de Lublin, en Polonia. Wiesenthal denunció que Braunsteiner residía en Estados Unidos, como esposa de un ciudadano americano (también esto se relata en este libro).

Vida de un superviviente

Simon Wiesenthal nació en la noche de fin de año de 1908 en Buczacz, un distrito de Lvov, ciudad ucraniana que entonces pertenecía a Polonia. Cuando a los veinte años quiso ingresar en el Instituto Politécnico de esa ciudad, su inscripción fue rechazada por estar ya cubierta la exigua cuota de judíos aceptados por esa institución. El joven se trasladó entonces a Praga, en cuya Universidad Técnica obtuvo el título de arquitecto ingeniero en 1932. Simon regresó a Lvov para ejercer su profesión en un estudio de arquitectura. En 1936 contrajo matrimonio con Cyla Mueller,

Karl Silberbauer.

con la que compartió una vida tranquila hasta tres años después, cuando Alemania y Rusia se repartieron Polonia de acuerdo con el «pacto de no agresión». Lvov quedó en la zona soviética, y fue ocupada por el Ejército Rojo. Entonces se inició la persecución de los profesionales y comerciantes judíos por parte de la NKVD, la policía política que actuaba bajo el eufemismo de Comisariado del Pueblo para Asuntos Internos.

Wiesenthal inmediatamente después de la liberación de Mauthausen.

Simon fue obligado a dejar su profesión y a trabajar como mecánico en una fábrica textil. Su suegro fue detenido y poco después murió en prisión, mientras que el hermano de Cyla resultó abatido a tiros por los agentes soviéticos.[2] El resto de la familia debía ser deportada a Siberia, pero Wiesenthal sobornó a un comisario de la NKVD para salvar a su mujer, a su madre y a sí mismo. En 1941 se produjo la invasión alemana de Rusia, y Lvov cayó en poder de los nazis. Los Wiesenthal escaparon nuevamente a su ejecución por las SS, gracias a un antiguo empleado de Simon que trabajaba en la policía auxiliar ucraniana. Sin embargo fueron arrestados, y condenados a trabajos forzados en la reparación de las vías del ferrocarril de Vlov. En agosto de 1942, la madre de Wiesenthal fue enviada al campo de exterminio de Belzec, y esta vez su hijo no pudo salvarla. No obstante, consiguió evitar más sufrimientos a su mujer, por un acuerdo con la Resistencia clandestina. Aprovechando que Cyla era rubia y podía pasar por aria, le confeccionaron

2. Entre la familia de Wiesenthal y la de Cyla, fueron asesinadas por los nazis un total de 89 personas.

Odessa, el Vaticano y... Cáritas

En diciembre de 1977 dos reporteros de la revista española *Interviú* (Pedro Costa Muste y Gudrun Greunke) entrevistaron a Simon Wiesenthal en su oficina del número 6 del vienés *Saltorzgasse* (callejón de Saltorz). En su artículo describen a su entrevistado como un sesentón de 1,90 de alto y unos cien kilos de peso, «tremendamente vital, gran conversador, de prodigiosa memoria, y que sabe especiar con notas de humor el más espeluznante relato sobre el terror hitleriano».

Ante una pregunta sobre la existencia de la discutida organización Odessa, Wiesenthal respondió:

—Claro que existió, y en su labor de ayudar a huir a los criminales contó con la ayuda del Vaticano. En Roma se crearon misiones para ayudar a cristianos refugiados en Yugoslavia, Checoslovaquia, Polonia... Odessa, en colaboración con el obispo alemán Alois Hudal, se aprovechó todo lo que pudo de ellas. (...) Albergaban a los criminales en un monasterio franciscano de Via Sicilia, y de allí salían para Latinoamérica, Egipto, Siria... Stangl confesó que la Cruz Roja Internacional en Roma le había suministrado el pasaporte. Eichmann salió como un cristiano perseguido en Yugoslavia.

—¿Quién financiaba los viajes?

—Cáritas.

—¿Cáritas?

—Sí. Cáritas Católica financió los viajes de miles de criminales, Eichmann entre ellos.

un pasaporte a nombre de Irene Kowalska, ciudadana polaca, con el que pudo escabullirse del campo de Ostbahn. Vivió en Varsovia bajo su nombre falso hasta el fin de la guerra, sin que nunca se descubriera su verdadera identidad.

Simon seguía internado en Ostbahn, y trabó amistad con el nuevo director delegado del campo, que acabó facilitando su fuga en octubre de 1943. En junio del año siguiente fue recapturado y enviado a Janowska, donde salvó nuevamente la vida ante el avance del ejército soviético. Los guardias SS tomaron a los 34 prisioneros que quedaban en el campo, e ini-

Alocución de Wiesenthal en la sede de las Naciones Unidas.

ciaron una larga retirada hacia el Oeste. En los meses siguientes Wiesenthal pasó por los campos de Plaszow, Gross-Rosen, Buchenwald y Mauthausen, hasta que una unidad motorizada americana liberó este último *lager* el 5 de mayo de 1945. Cyla y Simon se reencontraron a finales de ese año, cuando él ya reunía información para la Sección de Crímenes de Guerra del ejército de Estados Unidos, y en 1946 nació su hija Paulina. Desde entonces Simon Wiesenthal continuó su lucha personal por llevar a los criminales nazis ante la justicia, hasta su muerte en Viena el 20 de septiembre de 2005, con 96 años.

14

Isser Harel
El hombre del Mossad

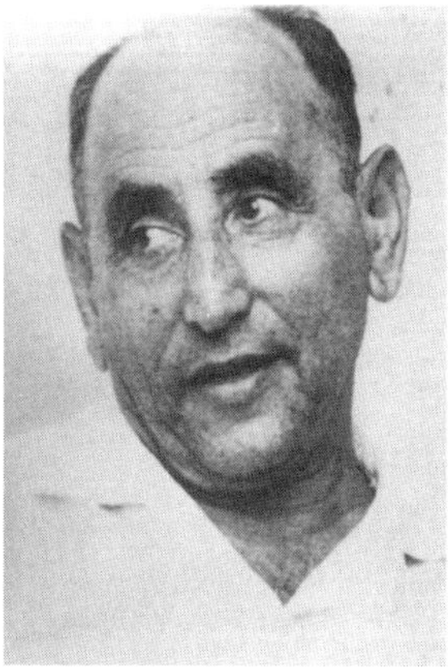

En la década de los años cincuenta del siglo pasado Isser Harel era el espía más poderoso y menos conocido del flamante estado de Israel. Un día tomó un taxi para dirigirse a una reunión del Mossad. El conductor se volvió hacia él para preguntarle:

—¿Adónde va usted, señor?

— ¡Eso es un secreto! —respondió Harel, para desconcierto del taxista.

Lo cierto es que por entonces todo en la vida de Isser Harel era secreto. Su nombre, su cargo, su domicilio, sus movimientos y, por supuesto, sus actividades y proyectos. En septiembre de 1952 el líder de la independencia israelí, David Ben Gurion, le había designado responsable de los dos nuevos servicios de inteligencia y contraespionaje: el Mossad, que se ocupaba de esos asuntos en el exterior y el Shin Beth, encargado de la seguridad interna. Isser Harel se convirtió así en el organizador y coordinador de todos los servicios secretos, con dependencia directa del primer ministro Ben Gurion, aunque nadie lo hubiera imaginado por su aspecto. El gran espía israelí era un hombre de baja estatura, esmirriado y casi calvo, al que su mujer mandaba públicamente sin disimulo. La mayoría de sus vecinos pensaban que era un empleado de comercio o un funcionario de bajo nivel. Y Harel dejaba que se lo creyeran.

De brigadista a cazanazis

Nacido en 1912 en Vitebsk (Rusia) con el nombre de Isser Halperin, su familia adoptó el apellido Harel cuando se trasladó a Palestina en 1929. En su juventud Isser se adhirió al ideario comunista, y como tal participó en las Brigadas Internacionales durante la guerra civil española. Regresó a casa en 1939, sin haber sido herido y transformado en un ferviente sionista. Esa

Logotipo del Mossad.

ideología y su experiencia militar lo llevaron a incorporarse a la sección de inteligencia de la Haganá, el ejército clandestino judío que luchaba por liberar a Palestina del protectorado británico. Isser combatió bajo las órdenes de Ben Gurion, y entre ambos se creó un lazo de mutuo respeto y afecto.

Cuando Israel se constituyó como Estado independiente en mayo de 1948, Ben Gurion, elegido primer ministro, asumió también la cartera de Defensa. La primera tarea que encomendó a Isser Harel al nombrarlo fue la busca y captura de los principales criminales nazis que se encontraban fugitivos. En la lista figuraban nombres como Eichmann, Mengele o Priebke, y el Mossad dedicó siete años, con la colaboración de Simon Wiesenthal y otros informantes espontáneos, a alcanzar su primer gran éxito: el secuestro en Buenos Aires de Adolf Eichmann y su traslado clandestino a Israel. Por supuesto se trató de una operación totalmente ilegal según el derecho internacional. Pese a las protestas del Gobierno argentino y el escándalo que siguió al suceso, Israel mantuvo que más ilegal había sido la *Shoah*, y que sus ejecutores debían ser atrapados allí donde se encontraran. El líder israelí se jugó el tipo resistiendo las presiones de varios países, aunque unos pocos apoyaron su postura. La participación del Mossad en el caso Eichmann, negada oficialmente, era no obstante pública y notoria. Pero nadie supo de la existencia de Isser Harel.

Un espía sin ley

Los colaboradores de Harel solían decir que éste sólo recibía órdenes de dos personas: su mujer y Ben Gurion, en ese orden. La broma reflejaba, con su ironía, la estrecha y leal relación que unía al director del Mossad con el jefe del Gobierno israelí. Sin embargo ese vínculo inquebrantable se rompió abruptamente poco después. En 1963 los espías de Isser en Egipto le informaron de que ese país estaba desarrollando un avanzado sistema de misiles con el apoyo de técnicos alemanes, en su mayoría ex nazis. Pese a que los servicios del ejército israelí no dieron gran importancia a esas informaciones, Harel traspasó una vez más la línea de la legalidad. Sus agentes amenazaron a los expertos alemanes que trabajaban en el proyecto, e

El primer ministro de Israel Ben Gurion.

incluso llegaron a enviarles cartas-bombas y simular atentados contra los que habían pertenecido a las SS. El Gobierno alemán reaccionó con violenta cólera, poniendo en cuestión la trabajosa reconstrucción de sus relaciones con Israel. Ben Gurion no tuvo otra alternativa que exigir la dimisión de Isser Harel.

Dos años después Harel fue, por un breve lapso, asesor de inteligencia del primer ministro Levi Eshkol, y más tarde se integró en la Lista Institucional, el nuevo partido fundado por Ben Gurion para las elecciones de 1969. Isser Harel ocupó uno de los cuatro escaños obtenidos por esa formación. Después de la renuncia al partido del temperamental Ben Gurion, los tres compañeros de Harel se pasaron a otras opciones, y el ex jefe del Mossad perdió su escaño en 1973. En ese mismo año murió Ben Gurion, y desde entonces Harel se retiró de la vida pública, para dedicarse a escribir y dar charlas sobre su especialidad. Murió en febrero de 2003, con 91 años.

15

Beate Klarsfeld
La perseguidora implacable

> Cuando terminó la segunda guerra mundial no había gran interés en hablar del genocidio judío. Era el momento de los ganadores, de los soldados heroicos, de los generales que habían ganado la guerra.
>
> SERGE KLARSFELD

La convención de 1968 de la Unión Demócrata Cristiana de Alemania (CDU) recibió con grandes aplausos a su líder, Kurt Georg Kiesinger, que encabezaba el Gobierno de la República Federal como canciller. El político se disponía a iniciar su discurso, cuando saltó al estrado una joven rubia que le propinó una sonora bofetada. Luego se encaró a él y le gritó: «¡Kiesinger! ¡Nazi! ¡Renuncia!», frente al público estupefacto. El canciller no atinó a reaccionar, y nunca quiso comentar ese incidente. Mucho tiempo después, el obituario del *New York Times* del 11 de noviembre de 2009 daba cuenta de su muerte a los 83 años, señalando que Kiesinger «se había unido al Partido Nazi en 1933, como joven abogado, y durante la guerra trabajó en la División de Propaganda por Radio del Ministerio de Asuntos Exteriores del III Reich».

La joven de 30 años que abofeteó al canciller era la berlinesa Beate Klarsfeld (de soltera, Künzel), que ya había denunciado el pasado de Kiesinger en la prensa, cuando se formó la gran coalición entre el SPD y la CDU. Detenida en el acto, un juez local la condenó a un año de prisión por desacato al canciller de la República Federal de Alemania, mientras los medios de todo el mundo reproducían su fotografía y la del famoso cachetazo. Poco después se le redujo la pena a cuatro meses, tras la apelación de su abogado Horst Mahler, que con el tiempo sería un conocido negacionista del Holocausto.

La joven antinazi aria

Beate Künzel en 1968.

Beate Künzel nació de padres cristianos en 1939, el año en que Adolf Hitler provocó el estallido de la segunda guerra mundial. Creció en plena parafernalia nazi, y de niña vio las silenciosas hileras de familias judías que habían sido arrebatadas de sus hogares y marchaban temerosas hacia un destino ignoto. Después de la guerra Beate siguió sus estudios secundarios en Berlín, y al terminarlos se trasladó a París, donde trabajó como *au pair*.[1] Allí conoció en 1963 a Serge Klarsfeld, un estudiante judío rumano de Bucarest, con el que inició un romance que terminó en boda ese mismo año. Los Klarsfeld instalaron su domicilio en París, y a través de Serge ella comenzó a interesarse por la historia reciente europea.

Beate comprendió el tremendo alcance del genocidio de la *Shoah* y las otras barbaridades cometidas por los nazis. Pensó que su generación debía reparar en lo posible todo aquel terrible daño, o que por lo menos ella sí debía hacerlo. Con ese propósito se afilió al SPD, el Partido Socialdemócrata liderado por Willy Brandt, cuyas ideas pacifistas y europeístas ella admiraba. En esa época entró a trabajar como secretaria bilingüe en la alianza franco-alemana para la juventud (en alemán, *Deutsche-Französisches Jugendwerk*), destinada a fomentar la relación entre jóvenes de ambos países. En el desempeño de esa función incrementó su indignación ante los crímenes de los nazis, y casi por casualidad se enteró de que el canciller Kiesinger había sido uno de ellos. Vino entonces la pública bofetada al líder democristiano, y su condena a prisión. Cuando salió en libertad, se encontró con que la oficina de la *Jugendwerk* la había despedido, con la excusa del escándalo y de su estancia en la cárcel. Sus indagaciones se dirigieron entonces hacia esa institución, y descubrió que su director, Walter Hailer, era también un ex nazi. Beate decidió pasarle ese dato al centro de Simon Wiesenthal, en Viena. El veterano investigador no se mostró muy sorprendido, y la instó a continuar con la misión que había emprendido.

1. *Au pair* (en español, «a la par») es el término que designa a una estudiante extranjera acogida por una familia, para cuidar de los niños y ayudar en las tareas domésticas a cambio del alojamiento y la comida.

Una cazanazis internacional

Beate viajó en 1970 a Polonia, entonces perteneciente al Comecon prosoviético, para proseguir sus investigaciones. Desde allí hizo declaraciones sobre el antisemitismo que percibía en la sociedad polaca y sus autoridades comunistas. El Gobierno consideró inaceptable ese ataque al Estado socialista y al honor patrio, y expulsó a Beate acusándola de espía de Occidente.

En 1971 Beate, quizá con la ayuda de Wiesenthal, obtuvo un archivo que documentaba que el político derechista alemán Ernst Achenbach había sido un oficial nazi. Según esos datos, durante la ocupación alemana en Francia fue responsable de la deportación de 2.000 judíos franceses a los campos de concentración. En aquel momento Achenbach era candidato a representar a la República Federal en la Comisión Europea, y las revelaciones de Klarsfeld sobre su pasado impidieron su designación. La prensa reflejó ampliamente este segundo escándalo protagonizado por Beate, así como el intento junto a Serge de secuestrar en Alemania a Kurt Lischka, antiguo jefe de la Gestapo. Su país no podía juzgarlo por tecnicismos jurídicos, y los Klarsfeld pretendían entregarlo a las autoridades francesas. Finalmente fueron ellos los condenados a dos meses de prisión bajo los cargos de delito grave, aunque la sentencia quedó suspendida ante las protestas internacionales. Poco después consiguieron que el canciller Brandt firmara un acuerdo con Francia por el cual los delincuentes nazis que habían cometido sus crímenes en Francia, pudieran ser juzgados en Alemania. De esta forma se puso a fin a la ventajosa impunidad de que gozaban muchos de ellos. Su siguiente presa fue Herbert Hagen, un activo jerarca SS y estrecho colaborador de Eichmann, que vivía tranquilamente en Warstein (Alemania) como gerente de una empresa de artículos eléctricos. Fue condenado en 1979 a doce años de prisión. Luego vino la compleja y dramática búsqueda de Klaus Barbie en Bolivia y la denuncia de su paradero, que se narra en el anterior capítulo dedicado al Carnicero de Lyon. Sin duda ésta fue la hazaña de mayor re-

El presidente Sarkozy imponiendo la Legión de Honor a Künzel en 2007.

percusión de las emprendidas por Beate Klarsfeld, que la convirtió definitivamente en una autoridad y referencia obligada en el tema. Su popularidad se hizo notoria, sobre todo en Alemania y Francia, país este último donde la captura de Barbie significó una prolongada y masiva celebración democrática.

Pero la celebridad no aplacó el instinto cazador de Beate Klarsfeld. Su campaña en 1986 contra el presunto ex nazi Kurt Waldheim, elegido ese año como presidente de Austria y antes secretario general de la ONU (1972-1981), demostró que Klarsfeld no se detenía ante nada en el cumplimiento de la misión que había asumido. Un comité especial de historiadores investigó el pasado de Waldheim, sin encontrar datos que lo implicaran como criminal de guerra. El sospechoso político cumplió sus seis años de mandato, aunque muchos gobiernos prefirieron no recibirlo, con la significativa excepción del estado del Vaticano y varios países árabes. Todavía en 1996 los Klarsfeld presentaron una acusación legal contra los líderes serbios Radovan Karadzic y Ratko Mladic, por crímenes de guerra y genocidio en la antigua Yugoslavia.

Aunque Beate es la apasionada portavoz y protagonista que escribe artículos, dicta conferencias, ha sido condecorada con la Legión de Honor francesa e inspirado un filme sobre su vida (*Nazi Hunter: The Beate Klarsfeld Story*, 1986) —en el que la actriz Farrah Fawcett encarnó a la cazanazis— quizá sus logros no hubieran sido posibles sin el apoyo discreto de Serge, su marido, que le proveía la documentación legal y presentaba como letrado las acusaciones y alegaciones jurídicas, además de no separarse de su lado siempre que una investigación entrañaba algún riesgo.

Anexos

Cronología del Holocausto

1933

En Alemania viven unos 600.000 judíos (menos del 1% de la población total del país).

30 de enero
Adolf Hitler es designado canciller alemán por el mariscal Paul von Hindenburg, presidente de la llamada República de Weimar.

27 de febrero
Los nazis incendian el edificio del Reichstag (Parlamento) y acusan del hecho a los comunistas.

28 de febrero
Se promulga un estado de excepción que limita los derechos civiles e individuales.

20 de marzo
Se inaugura el campo de concentración de Dachau.

23 de marzo
Se promulga la ley de Autorización, que permitía al canciller Adolf Hitler dictar decretos y establecer normas al margen del Parlamento y de la Presidencia.

1 de abril
Boicot, aprobado por el Gobierno, a los comercios y negocios de propiedad judía.

7 de abril
Decreto que prohíbe a los no arios aspirar a un puesto de funcionario público.

10 de mayo
Los nazis encienden en las calles hogueras de libros de autores judíos.

14 de julio
Se dicta la ley para la Prevención de Progenie con Enfermedades Hereditarias, que establece la esterilización forzosa de los sujetos discapacitados mentales, para preservar la pureza de la raza aria. Al amparo de esta ley, los nazis esterilizaron a entre 300.000 y 400.000 personas.

1935

1 de abril
A los judíos de toda Alemania se les prohíbe ocupar puestos de trabajo relacionados con la función pública, se les niega los subsidios de desempleo y el derecho a cualquier tipo de pensión. Los niños judíos son expulsados de las escuelas y algunos son arrancados de sus familias para ser criados en asilos de «reeducación nacionalsocialista».

15 de septiembre
Se celebra en Núremberg un Congreso Nacional del Partido Nazi (NSDAP), que decide implantar leyes racistas que privan a los judíos de la ciudadanía alemana, y poner estrictas trabas a los matrimonios «mixtos» entre arios y judíos.

1936

7 de marzo
Tropas de la *Wehrmacht* alemana ocupan Renania, zona desmilitarizada por el Tratado de Versalles.

12 de julio
Se abre el campo de concentración de Sachsenhausen. Los gitanos de Alemania son arrestados y enviados al campo de Dachau.

1 al 16 de agosto
Se llevan a cabo los Juegos Olímpicos de Berlín, a pesar de las protestas de las organizaciones judías y pacifistas en todo el mundo. Durante la celebración se quitan los carteles e inscripciones de carácter antijudío.

1937

Julio
Se abre un nuevo campo de concentración en Buchenwald.

8 de septiembre
Se inaugura el campo de concentración de Mauthausen.

1938

13 de marzo
Se concreta el *Anschluss*, o anexión de Austria por Alemania.

9 de noviembre
La noche del 9 al 10 de noviembre tiene lugar en toda Alemania un brutal asalto contra los hogares, negocios y sinagogas judíos, por parte de las SS y numerosos racistas espontáneos. El suceso pasó a la historia como «la noche de los cristales rotos» (*Kristallnacht*). Entre 20.000 y 30.000 hombres, mujeres y niños judíos fueron detenidos y deportados a campos de concentración.

1939

15 de marzo
El ejército alemán invade Checoslovaquia e inicia la *Blitzkrieg* (guerra relámpago) para apoderarse de toda Europa.

Mayo
Himmler ordena iniciar la construcción del campo de concentración de Ravensbrück, destinado exclusivamente a mujeres. Hasta el fin de la guerra alojó a 130.000 internas, de las cuales sólo 40.000 sobrevivieron.

1 de septiembre
Invasión y ocupación de Polonia. Se crean 400 guetos para recluir a unos 3.000.000 de judíos polacos, en condiciones inhumanas que provocan decenas de miles de muertes.

Octubre
Se decreta un programa de supuesta «eutanasia», por el cual son eliminados unos 280.000 pacientes terminales de los hospitales y personas con discapacidades.

1940

Abril-julio
Se completa la *Blitzkrieg*. Alemania ocupa Dinamarca, Noruega, Bélgica, Luxemburgo, los Países Bajos y Francia, y se arresta y se deporta a los campos a cientos de miles de judíos de esos países.

1941

22 de junio
Hitler abre el llamado «frente oriental» e invade la frontera soviética, violando el pacto de no agresión. Las unidades móviles de exterminio (*Einsatzgruppen*) de las SS acompañan a la *Wehrmacht* y practican una masacre de judíos y gitanos en toda la Europa oriental.

28 y 29 de septiembre
En sólo estos dos días más de 33.000 judíos son asesinados en Babi Yar, localidad de Ucrania cercana a Kiev.

Diciembre
Empleando vehículos adaptados como cámaras de gas, los *Einsatzgruppen* de las SS exterminan a unos 5.000 gitanos austriacos en el campo de Chelmno.

1942

20 de enero
Tiene lugar la tristemente célebre reunión de Wannsee, en la que Heydrich, Eichmann y otros jefes de las SS acuerdan el plan para eliminar a todos los judíos europeos, cumpliendo la orden de Hitler de poner en marcha la denominada «solución final».

1943

Abril-junio
Las unidades especiales SS asesinan a más de un millón de judíos y a decenas de miles de otros seres humanos.

3 de noviembre
Las SS ejecutan a 40.000 judíos a balazos en la región del centro y sur de Polonia, dentro de la Operación Erntedankfest («fiesta de la cosecha»), planeada para eliminar a toda la población judía que aún quedaba en esa zona.

1944

19 de marzo
Alemania invade Hungría, sospechoso aliado que bajo cuerda ofrecía refugio a los judíos fugitivos.

Mayo-julio
Más de 437.000 judíos húngaros son deportados a Auschwitz para ser ejecutados en las cámaras de gas.

1945

11 de abril
Los internos de Buchenwald toman el control del campo, y ese mismo día llega una unidad del ejército de Estados Unidos que confirma su liberación.

20 de abril
Se inicia desde Sachsenhausen la «marcha de la muerte», una retirada de los guardianes del campo llevando unos 26.000 prisioneros. Después de doce días de penoso camino y habiendo recorrido 200 km, sólo sobreviven 15.000, que son liberados por los aliados.

29 de abril
El comandante de Dachau entrega el campo a las tropas estadounidenses.

30 de abril
Suicidio de Adolf Hitler en su búnker de Berlín.
En la misma fecha una escuadrilla aérea de la RAF ataca y hunde el transatlántico alemán *Cap Arcona*, con 7.000 prisioneros a bordo. La mayoría de ellos eran internos judíos de los *lager*, y sólo 350 pudieron ser rescatados.

7 de mayo
Rendición incondicional de Alemania, que pone fin a la guerra en Europa.

Noviembre
Comienzan en Núremberg los juicios del Tribunal Especial Internacional para Crímenes de Guerra.

30 de septiembre
El Tribunal de Núremberg da a conocer las sentencias de los jerarcas nazis condenados.

A partir de entonces, y a lo largo de más de seis décadas hasta hoy, un escaso número de gobiernos, investigadores espontáneos, jueces y entidades civiles han llevado a cabo una meritoria cacería para poner en manos de la justicia a 35.000 de los 150.000 nazis fugitivos registrados y buscados oficialmente.

Los acusados en Núremberg

Cargo I: conspiración para iniciar una guerra de agresión.
Cargo II: crímenes contra la paz.
Cargo III: crímenes de guerra.
Cargo IV: crímenes contra la Humanidad.

Nombre	**Posición**	**Culpable de los cargos**	**Sentencia**	**Cumplimiento**
Martin Bormann (*en ausencia*)	Führer delegado	III y IV	Muerte	Desaparecido en el momento del juicio.
Karl Dönitz	Comandante en jefe de la Armada (1943) y canciller	II y III	10 años de prisión	Cumplió su condena. Murió en 1980.
Hans Frank	Gobernador general de la Polonia ocupada	III y IV	Muerte	Ahorcado el 16 de octubre de 1946.
Wilhelm Frick	Ministro del Interior	II, III y IV	Muerte	Ahorcado el 16 de octubre de 1946.
Hans Fritzsche	Jefe de la División Radio del Ministerio de Propaganda	Inocente	Liberado	Murió en 1953.

Nombre	Posición	Culpable de los cargos	Sentencia	Cumplimiento
Walther Funk	Presidente del Reichsbank (1939)	II, III y IV	Cadena perpetua	Liberado en 1957. Murió en 1960.
Hermann Goering	Mariscal del Reich	Todos	Muerte	Se suicidó el 15 de octubre de 1946 (dos horas antes de su prevista ejecución).
Rudolf Hess	Delegado del Führer	I y II	Cadena perpetua	Murió en prisión el 17 de agosto de 1987.
Alfred Jodl	Jefe del Estado Mayor de Operaciones de las Fuerzas Armadas	Todos	Muerte	Ahorcado el 16 de octubre de 1946. (En 1953, la Corte de Apelación alemana lo declaró inocente post mórtem).
Ernst Kaltenbrunner	Jefe de la Policía de Seguridad, SD, y de la RSHA	III y IV	Muerte	Ahorcado el 16 de octubre de 1946.
Wilhelm Keitel	Jefe del Alto Mando de las Fuerzas Armadas	Todos	Muerte	Ahorcado el 16 de octubre de 1946, tras negarse su petición de morir fusilado como alto jefe militar.

Nombre	Posición	Culpable de los cargos	Sentencia	Cumplimiento
Konstantin von Neurath	Ministro de Asuntos Exteriores y protector del Reich para Bohemia y Moravia	Todos	15 años de prisión	Liberado en 1954. Murió en 1956.
Franz von Papen	Canciller (1932)	Inocente	Liberado	En 1949, una corte alemana lo sentenció a 8 años de trabajos forzados, que se le dieron por cumplidos. Murió en 1969.
Erich Raeder	Comandante en jefe de la Armada (1928-1943)	II, III y IV	Cadena perpetua	Liberado en 1955. Murió en 1960.
Joachim von Ribbentrop	Ministro de Asuntos Exteriores del Reich	Todos	Muerte	Ahorcado el 16 de octubre de 1946.
Alfred Rosenberg	Ideólogo del nazismo; ministro del Reich para el Área Ocupada Oriental	Todos	Muerte	Ahorcado el 16 de octubre de 1946.
Fritz Sauckel	Plenipotenciario para la asignación de puestos de trabajo	II y IV	Muerte	Ahorcado el 16 de octubre de 1946.

Nombre	Posición	Culpable de los cargos	Sentencia	Cumplimiento
Hjalmar Schacht	Ministro de Economía y presidente del Reichsbank (1933-1939)	Inocente	Liberado	Una corte de desnazificación lo condenó a 8 años en campos de trabajo. Liberado en 1948. Murió en 1970.
Baldur von Schirach	Führer de Juventudes Hitlerianas	IV	20 años de prisión	Cumplió su condena. Murió en 1974.
Arthur Seyss-Inquart	Ministro del Interior y gobernador del Reich para Austria	II, III y IV	Muerte	Ahorcado el 16 de octubre de 1946.
Albert Speer	Ministro de Armamento y Producción de Guerra	III y IV	20 años de prisión	Cumplió su condena. Murió en 1981.
Julius Streicher	Fundador del periódico nazi *Der Stürmer*	IV	Muerte	Ahorcado el 16 de octubre de 1946.

Bibliografía

Allen, C. R.: *Nazi War Criminals in America: Facts-Action: The Basic Handbook*. Highgate House, Nueva York, 1985.

Arendt, H.: *Eichmann in Jerusalem: A Report on the Banality of Evil*. Penguin Books, Nueva York, 1994.

—, *Los orígenes del totalitarismo*. Taurus Ediciones, Barcelona, 1999.

Ashman, Ch. R., y Wagman, R. J.: *The Nazi Hunters*. Pharos Books, Nueva York, 1988.

Astor, G.: *Mengele, el último nazi*. Editorial Ediciones B, 2006.

Bascomb, N.: *Hunting Eichmann: How a Band of Survivors and a Young Spy Agency Chased Down the World's Most Notorious Nazi*. Houghton Mifflin Harcourt, Boston/Nueva York, 2009.

Baz, D.: *The Secret Executioners*. John Blake Publishing, Londres, 2009.

Bergen, D.: *War & Genocide: A Concise History of the Holocaust*. Rowman & Littlefield, Lanham, 2003.

Bleuel: *Sex and Society in Nazi Germany*. NY Press, Nueva York, 1996.

Blum, H.: *Wanted! The search for Nazis in America*. Quadrangle/Nueva York Times Book Company, Nueva York, 1977.

Bormann, M.: *Las conversaciones privadas de Hitler*. Introducción de Hugh Trevor-Roper. Crítica, Barcelona, 2004.

Casazza, A.: *La fuga dei nazisti. Mengele, Eichmann, Priebke, Pauelic. Da Genova all'impunità*. Il Melangolo, Génova, 2007.

Cesarani, D.: *Eichmann: His Life and Crimes*. W. Heinemann, Londres, 2004.

Eichmann, A.: *Yo, Adolf Eichmann. Un testimonio histórico*. Planeta, Barcelona, 1982.

Feig, K.G.: *Hitler's Death Camps The sanity of Madness*. Holmes & Meier Publishers, Londres/Nueva York, 1979.

Fredrickson, G. M.: *The Comparative Imagination: On the History of Racism, Nationalism and Social Movements.* University of California Press, 1997.
Friedman, T.: *My Role in Operation Eichmann.* Institute of Documentation, Israel, 1996.
Gutman, I. (ed.).: *Encyclopedia of the Holocaust.* Macmillan, Nueva York, 1990.
Harel, I.: *La casa de la calle Garibaldi.* Grijalbo, Barcelona, 1975.
Hilberg, R.: *The Destruction of the European Jews.* Yale University Press, New Haven, 2003.
Hobsbawm, E. J.: *Historia del siglo XX, 1914-1991,* Crítica, Barcelona, 2004.
Hoess, R.: *Le comandant d'Auschwitz parle* (prólogo de G. Decrop). La Découverte, París, 2005.
Infield, G.: *Secrets of the SS.* Jove, Londres, 1990.
Koonz, C.: *La conciencia nazi: la formación del fundamentalismo étnico del Tercer Reich.* Paidós, Barcelona, 2005.
Langdon-Davies, L.: *Invasion in the Snow.* Houghton Mifflin Co., Boston, 1941.
Levi, P.: *Los hundidos y los salvados.* Muchnik, Barcelona, 1989.
—, *Si esto es un hombre.* El Aleph Editores, Barcelona, 2004.
Levy, A.: *Il cacciatore di nazisti. Vita de Simon Wiesenthal.* Mondadori, Milán, 2008.
Littell, J.: *Las benévolas.* RBA Libros, Barcelona, 2007.
Longerich, P.: *Heinrich Himmler. Biographie.* Siedler/Random House, Múnich, 2008.
Mate, R. (ed.): *La filosofía después del Holocausto.* Riopiedras, Barcelona, 2002.
Melamed, D.: «Dubious Refuge». *The Jerusalem Report* (06/08/2007).
Müller-Hill, B.: *Murderous Science: Elimination by Scientific Selection of Jews, Gypsies, and Others in Germany, 1933-1945.* Cold Spring Harbor Laboratory Press, 1998.
Klarsfeld, S.: *French Children of the Holocaust: A Memorial.* Nueva York University Press, Nueva York, 1996.
Padfield, P.: *Himmler: El líder de las SS y la Gestapo.* Planeta de Agostini, Madrid, 2006.
Picciotto Fargion, L.: *Il libro della memoria. Gli ebrei deportati dall'Italia (1943-1945).* Mursia, Milán, 1995.

Roth, J.: *Judíos errantes*. Acantilado, Barcelona, 2008.
Skorzeny, O.: *Misiones secretas*. Ediciones Destino, Barcelona, 1964.
—, *Luchamos y perdimos*. Acervo, Madrid, 1979.
Tusell, J.: *Una breve historia del siglo XX*. Espasa Calpe, Madrid, 2001.
Wistrich, R.S.: *Who's Who in Nazi Germany*. Routledge, Londres y Nueva York, 1995.
Yahil, L.: *The Holocaust: The Fate of European Jewry, 1932-1945*. Oxford University Press, Nueva York, 1990.

Índice

Prólogo 9

Primera parte. Los ideólogos.............................. 17

1 Reinhard Heydrich. El perro de presa del Führer.............. 19
2 Adolf Eichmann. Un burócrata implacable y servil............ 35

Segunda parte. Los ejecutores............................ 57

3 Rudolf Höss. El comandante del campo más atroz 59
4 Franz Stangl. El asesino despiadado de Treblinka............. 77
5 Gustav Wagner. El brutal torturador de Sobibor 89
6 Klaus Barbie. El carnicero de Lyon 93
7 Hermine Braunsteiner. La «yegua» salvaje de Majdanek 105
8 Hess, Bormann, Goering y Goebbels. La infame pandilla de Hitler 115
9 John Demjanjuk. ¿El último nazi?......................... 139

Tercera parte. Los médicos diabólicos..................... 149

10 Josef Mengele. El perverso Ángel de la Muerte.............. 151
11 Aribert Heim. El sádico «Doctor Muerte» de Mauthausen 171

Cuarta parte. Los cazadores 185

12 Abba Kovner. El joven que lideró a «los Vengadores» 187
13 Simon Wiesenthal. El justiciero desarmado. 197
14 Isser Harel. El hombre del Mossad. 205
15 Beate Klarsfeld. La perseguidora implacable. 211

Anexos 219

Cronología del Holocausto. 221

Los acusados en Núremberg. 227

Bibliografía 231

HISTORIAS CURIOSAS DE LA SEGUNDA GUERRA MUNDIAL

LOS SECRETOS OCULTOS DEL TERCER REICH

Dossiers ocultos del nazismo

He aquí un conjunto de relatos que diseccionan —con la agudeza y profundidad de un afilado bisturí— diferentes episodios sucedidos durante la segunda guerra mundial y que tienen como telón de fondo el régimen nazi instaurado en Alemania. Su actor principal, Adolf Hitler, desfila por las páginas de este libro acompañado del resto de personajes que, malcarados como él, sólo eran leales a su propia lujuria de poder y a la violencia que tenían como compañera.

Paul Lemond desvela las distintas claves que llevaron al poder a Hitler así como el papel que desempeñaron quienes le acompañaron en tan terrible aventura.

- La organización paramilitar hitleriana.
- La evasión de los prisioneros del campo de Sagan.
- Los soviéticos exterminados de Flossenburg.
- El personal de vigilancia de los campos de la muerte.
- La destitución del almirante Canaris.
- Los atentados fallidos.